100

为新中国成立作出突出贡献的英雄模范人物

毛泽覃

闫勋才/编著

★

吉林出版集团 ｜ 吉林文史出版社

图书在版编目（CIP）数据

毛泽覃 / 闫勋才编著. -- 长春：吉林文史出版社，
2011.4（2024.5重印）
（100位为新中国成立作出突出贡献的英雄模范人物）
ISBN 978-7-5472-0503-7

Ⅰ. ①毛… Ⅱ. ①闫… Ⅲ. ①毛泽覃（1905～1935）—
生平事迹 Ⅳ. ①K827=6

中国版本图书馆CIP数据核字(2011)第049560号

毛泽覃

MAOZETAN

编著/ 闫勋才

选题策划/ 王尔立　责任编辑/ 王尔立

装帧设计/ 韩璘

出版发行/ 吉林文史出版社

地址/ 长春市福祉大路5788号　邮编/ 130118

电话/ 0431-81629363　传真/ 0431-86037589

印刷/ 天津海德伟业印务有限公司

版次/ 2011年4月第1版 2024年5月第7次印刷

开本/ 640mm×920mm　1/16

印张/ 9　字数/ 100千

书号/ ISBN 978-7-5472-0503-7

定价/ 29.80元

/**100**位

为新中国成立作出突出贡献的英雄模范人物／

八女投江	于化虎	小叶丹	马本斋	马立训	方志敏
毛泽民	毛泽覃	王尔琢	王尽美	王克勤	王若飞
邓 萍	邓中夏	邓恩铭	韦拔群	冯 平	卢德铭
叶 挺	叶成焕	左 权	诺尔曼·白求恩		任常伦
关向应	刘老庄连	刘伯坚	刘志丹	刘胡兰	吉鸿昌
向警予	寻淮洲	戎冠秀	朱 瑞	江上青	江竹筠
许继慎	阮啸仙	何叔衡	佟麟阁	吴运铎	吴焕先
张太雷	张自忠	张学良	张思德	旷继勋	李 白
李 林	李大钊	李公朴	李兆麟	李硕勋	杨 殷
杨子荣	杨开慧	杨虎城	杨靖宇	杨闇公	萧楚女
苏兆征	邹韬奋	陈延年	陈树湘	陈嘉庚	陈潭秋
冼星海	周文雍、陈铁军夫妇		周逸群	明德英	林祥谦
罗亦农	罗忠毅	罗炳辉	郑律成	恽代英	段德昌
贺 英	赵一曼	赵世炎	赵尚志	赵博生	赵登禹
闻一多	埃德加·斯诺	夏明翰	格里戈里·库里申科		
狼牙山五壮士	聂 耳	郭俊卿	钱壮飞	黄公略	
彭 湃	彭雪枫	董存瑞	董振堂	谢子长	鲁 迅
蔡和森	戴安澜	瞿秋白			

前　言

每个人的心中都多少有一点英雄情结，都向往英雄、景仰英雄。也正因此，在中华人民共和国建国六十周年之际，由中央十一部委联合组织开展的"100位为新中国成立作出突出贡献的英雄模范人物和100位新中国成立以来感动中国人物"的评选活动中，群众参与投票总数近一亿。这其中的每一张选票，都表达了人们对英雄模范的崇敬之情，寄托着对伟大祖国的美好祝福。

一个民族不能没有英雄，否则这个民族就不会强大。当国家危难之时，懦弱者选择了逃避、妥协甚至投降，英雄们却挺身而出，用热血捍卫民族的尊严，人民的幸福。在创立和建设新中国的伟大历程中，涌现出无数可歌可泣的英雄模范人物。他们之中，有为了民族独立和人民解放而英勇牺牲的革命先烈，有为了党和人民的事业而不懈奋斗的优秀共产党员，有在全民族抗战中顽强奋战、为国捐躯的爱国将士，有英勇杀敌的战斗英雄和革命群众，有积极从事进步活动的著名民主爱国人士和国际友人……他们是民族的脊梁、祖国的骄傲，是激励全体人民团结奋斗的精神力量。

《100位为新中国成立作出突出贡献的英雄模范人物传记》丛书，就像一部星光璀璨的英雄谱，真实、完整地记录了英雄模范人物不平凡的一生，再现了他们非凡的人格魅力和精神世界。"头颅可断腹可剖"的铁血将军杨靖宇，"毫不利己，专门利人"的白求恩，"抗战军人之魂"张自忠，"砍头不要紧"的夏明翰，"俯首甘为孺子牛"的文化斗士鲁迅……一串串闪光的名字，一个个动人的故事，犹如群星闪烁，光耀中华。

如今，战火已熄，硝烟已散，英雄已逝，我们沐浴在和平的幸福之中。在和平年代，人们不会忘记为今日的和平浴血奋战的英雄们，英雄的故事永远不会结束。让我们用英雄的故事唤醒我们心中的激情，为中华民族的伟大复兴而奋斗。

生平简介

　　毛泽覃（1905-1935），男，汉族，湖南省湘潭县人，中共党员。

　　毛泽覃受长兄毛泽东的影响，1921 年加入中国社会主义青年团，1923 年 10 月转入中国共产党。1925 年秋赴广州，曾在黄埔军校政治部和广东区委工作，后到武汉国民革命军第四军政治部任书记。1927 年 8 月参加南昌起义，后随朱德、陈毅转战闽粤赣湘边。是年冬被派赴井冈山与毛泽东联络。1928 年初任遂川县游击大队党代表，后奉命带队参加接应朱德、陈毅部队与井冈山部队会师。同年 5 月任中国工农红军第四军三十一团三营党代表，参加了龙源口等战斗。1930 年 1 月任红六军（后改称为红三军）政治部主任，曾代理军政治委员。同年 10 月任中共吉安县委书记、红军驻吉安办事处主任。1931 年 6 月任中共永（丰）吉（安）泰（和）特委书记兼红军独立五师政治委员。1932 年任中共苏区中央局秘书长。其间，同王明的"左"倾错误进行了坚决斗争。1934 年 10 月，中央红军主力长征后，留下坚持南方游击战争，任中共中央苏区分局委员、红军独立师师长、闽赣军区司令员。在极端艰苦的条件下，率部转战于崇山峻岭，不断寻找战机，打击敌人。1935 年 4 月 26 日，在江西瑞金红林山区被国民党军包围，为掩护游击队员脱险，英勇牺牲。

1905-1935
[MAOZETAN]

◀ 毛泽覃

目 录 MULU

战地黄花分外香（代序）

  革命烈士毛泽覃用短暂的一生，创造了不可磨灭的业绩。由于资料很少，这对完整地再现先烈的丰功伟绩，塑造先烈的英雄形象带来了一定的困难。但是，我们还是尽量从找到的文字中，为读者理顺出较为完整的脉络，用一些故事来打动读者。由于材料来源所限，一些材料被直接使用，在此对原作者表示感谢。

  毛泽覃，字润菊，是毛泽东的三弟，两人相差 12 岁，在毛泽东的影响和带动下投身革命，互相鼓舞，谱写了一幕幕壮歌，也展现了两人的手足之情。毛泽东几次谈起兄弟之争都反复自我批评，也从一个侧面让我们看到了毛泽东对毛泽覃的真实评价。

  有一次，毛泽东向周恩来、朱德等人忆及兄弟两人在江西君埠为"扩红"之事发生激烈争吵之事，责怪自己当时态度太生硬，个性太强，没有耐心细致地对弟弟做好说服教育工作，深感内疚。毛泽东说，我这个人心高志大，不屑于杂务，喜欢四处闯荡，不愿随老父种田；二弟泽民忠厚温良，只读了几年私塾，就辍学务农，持家理财，成为父亲身边一位好帮手；三弟泽覃比我小许多，天性机灵、淘气、顽皮，胆子大，天王老子都不怕，父母管他不住，只有我能管住他。通过君埠的激烈争吵，我发现我的脾气比他更躁，更不冷静，以致争吵过度，影响也不好，我有责任。可是现在弟弟为革命牺牲了，我再也无法向他解释和致歉了。

"为有牺牲多壮志，敢教日月换新天。"正因为有毛泽覃这样的共产党人，坚信革命事业的前途是光明的，在艰难险阻中前仆后继，英勇奋斗，才夺取了中国革命的最后胜利。毛泽东在《采桑子·重阳》一词中曾这样咏叹菊花对秋天的装点：

人生易老天难老，岁岁重阳。今又重阳，战地黄花分外香。

一年一度秋风劲，不似春光。胜似春光，寥廓江天万里霜。

走出韶山冲

(1918—1922)

→ 调皮伢子

★★★★★

（13 岁）

　　这是一栋普普通通的江南农舍，为"一担柴"式的房子，总建筑面积 472.92 平方米，占地 566.5 平方米。它坐南朝北，背山面水。屋前荷花塘和南岸塘相毗邻，绿水莹莹，风过处，荡起缕缕涟漪。放眼青山，背依翠竹，绿水、苍松和翠竹把这栋普通农舍映衬得生气盎然。这栋房屋的名字叫上屋场。

　　1905 年农历八月二十七日，毛泽东的小弟毛泽覃就出生在这里。

　　韶山冲的人都说，泽覃是个调皮伢子。名不虚传，他确实是个闲不住、待不下的小家伙。

　　韶山八景中有一"仙女茅庵"，位于韶峰东面山腰中。这是一座古庵，背倚韶峰，三面环山，正面为韶山冲，相传为唐朝桓氏三女修道成仙时建造，又传系山民为纪念舜帝二妃所建造。千百年来，茅庵历经风雨，传道有人，朝暮香火缭绕，馨声悠悠。此番情景，正应验了《毛氏族谱》上的诗词："山深别有天，草木皆仙，茅庵丹灶筑当年……高僧无事抱云眠，何必普陀观自在，面壁依然。"

这个"仙女茅庵"是毛泽覃和他的同学们经常光顾的地方。毛泽覃也是他们这一帮的孩子王。他们来这里一是观看这里的山景，二是观看这里的香客和缭绕的香火，还有不少好吃好玩的东西。有时候他们就躲在仙女的背后，偷看烧香拜神人的虔诚，偷听虔诚人的许愿。一次不小心他们弄出了点动静，吓得烧香人魂不附体，以为真的是神仙显灵了。等那些烧香拜神的人一走，他们就大摇大摆地走出来，供桌上的供果供品，则成了他们的胜利品。有时候他们吃不完，还带给班里的其他同学分享。

世上没有不透风的墙。久而久之，被老师发现了，把这个不吉祥的消息告诉了毛泽覃的父母大人。因为母亲也信这些神灵，她的第一反应比父亲还要强烈百倍。

母亲文七妹主动地替丈夫做了主审官。

这天放学后，毛泽覃高高兴兴回到家，父亲毛顺生阴着脸把他喊到屋里："今天，你母亲有话要给你讲！"

毛泽覃感到纳闷，心里打着鼓，他不知道究竟要发生什么事情。一向仁慈有加的母亲声音也大起来："孩子，说说你今天都到哪里去了？"

"我哪也没去啊！"毛泽覃搔着头说。

"不对！你要说实话！"母亲很严厉，"讲不好你是不能吃饭的！"

毛泽覃心里盘算着，莫非母亲是听到什么风声？看来要如实交代了："娘，到底是哪方面的事情？要交代你也要给我个提示啊！"

"娘问你，今天你到过仙女庵没有？"

"到过，怎么啦？"

"你偷吃供品没有？"

毛泽覃笑道："这哪是我干的事啊，是那经常来咱家玩的周三子。他给我一个水果，没吃，我给扔到山沟里了。"

"真的？"

"我什么时候骗过娘啊？"

就这样，毛泽覃终于躲过了母亲这一关。

一天，毛泽覃找到周三子，询问是谁走漏风声，毁了他们的秘密。他们开始了调查。原来是一个叫萧立的男生无意中说走了嘴，把水果说成了"供果"，引起了老师的怀疑。老师经过调查，才摸清事情的来龙去脉。

不过，"毛家出逆子"的说法在韶山冲疯传起来。毛家的父母亲也感到了这种无形的压力。

△ 毛泽覃、毛泽东与父亲、堂伯父

　　毛顺生与文七妹反复商量，决定把泽覃送到省城长沙上学，由他大哥管着，比在家野着好，说不定哪一天要闯出个事端来。二老定下来的事，再征求泽覃意见时，泽覃高兴地答应了："和大哥在一起，我干！"

　　1918 年暑假，毛泽东回韶山度假时，有病在身的父亲向儿子谈了对小弟的想法，说："我和你母亲商量一下，觉得泽覃天资聪明，好学上进，而我们这里乡村僻陋，难资深造，想把他送到省城去读书，跟着你，我和你娘也放心。"

"父母有意，小弟有心，我就安排。"毛泽东答应了父母的这个要求，暑假结束后，便带小弟泽覃，挑着行李来到长沙，安排在湖南第一师范附小就读。此后毛泽覃便开始了四年多的省城学习生活。应该说，这时毛家的生活由于父母病重已在走下坡路，毛泽覃后两年的学习费用多是毛泽东资助。这一点更加深了他们兄弟两人相依相恋的感情。后来毛泽覃参加革命后谈到，无父尊兄，我是把大哥当成父亲敬着。一语道出了他心中感情的真谛和秘密。

→ # 毛头小子

★★★★★

（13—17岁）

1919 年和 1920 年，毛泽覃的父母先后去世，二哥毛泽民、堂妹毛泽建等都在毛泽东的教育下，先后离开韶山，投身革命。从韶山来到长沙读一师附小，毛泽覃都是在毛泽东的监护下，那时毛泽东还没有和杨开慧结婚，兄弟俩在长沙相依为命，一个馒头两人吃，一个铜钱两人花。毛泽覃在哥哥的关照下，读书也格外用心，成绩一直在班级是前三名，尤其是国文成绩在哥哥的影响下最为突出。父母去世后，毛泽覃进入长沙私立协均中学读书。这时期毛泽东已结婚，生活上也有了一定的收入，便有意向小弟灌输马克思主义：一是常借政治书籍给他看。在大哥的严格要求下，这时的毛泽覃已经读了《阶级斗争》、《社会主义史》、《共产党宣言》等书，同时也读了毛泽东在《湘江评论》上发表的所有文章。二是经常给毛泽覃讲故事。一次，毛泽东拿出一份水口工人苦难生活的调查资料，要毛泽覃读给全家听。材料中记载着这么一件事：几个工人被工头逼在老砂棚里凿岩石，突然一声巨响，洞顶掉下来一块巨石，把工人全部砸得粉身碎骨。万恶的矿主，不但不给家属抚恤金，还把他们赶出矿区，孤儿寡母的他们无家可归，只好拖儿带女露宿街头……。毛泽覃读着读着，声音哽咽起来，两行眼泪夺眶而出，更加同情穷苦工人的遭遇。所有这些，都极大地影响了毛泽覃的成长。在毛泽东的教育下，毛泽覃很快地接受了革命思想，投身于反帝反封建的斗争，不久即加入了社会主义青年团。

1922 年初，毛泽覃进入长沙私立协均中学读书。同年秋，根据毛泽东的指示，他和毛泽民一起又参加了湖南自修大学附设补习学校学习。在这时期，毛泽覃和哥哥毛泽民比翼齐飞，刻苦学习。月光下有他们的身影，荷塘边有他们的足迹，教室里有他们的倾心交谈的声音。他们的思想也逐渐向马克思主义靠近。

当时的补习学校强调学员应"手脑并用，均衡发展"，学校经常组织学员深入工厂、农村调查研究。毛泽覃也很崇拜哥哥的说法："要读无字书"，"并不一定在教室里，在实验室里也能学，宇宙是学校，万物是课本，经验是老师"。为了响应哥哥毛泽东的号召，他曾到长沙坡子街口的码头上创办工人夜校，教工人学文化，风雨无阻，

▽ 清水塘故居内毛泽东和杨开慧卧室

深受工人欢迎。

那时，毛泽东任中共湘区区委书记，和杨开慧住在湘区区委机关所在地清水塘 22 号。毛泽覃和另外几个同学也住在这里。每当放学回家，一有空闲，他就到附近菜园去翻土、拔草，和菜农打成一片。毛泽东、杨开慧对毛泽覃的成长十分关心，并严格要求。有一次，毛泽覃和几个青年看到毛泽东、杨开慧有一个小箱子，当做宝贝似的放在枕头底下（每次杨开慧外出前，总是小心地把这个箱子收藏好）。他们不知里面装的是什么。他们趁杨开慧不注意，便偷着把箱子藏到杨开慧的母亲杨老太太的屋里。原来这个箱子是装的党内文件，杨开慧突然发现箱子不见了，非常着急，立即与杨老太太到处寻找。毛泽东知道后，把毛泽覃狠狠地批评了一顿，然后给他们讲党的性质、纪律和保守党的秘密的重要性，并指出他们还没有入党，不能阅读党内文件。杨开慧见毛泽覃等人低着头，默不做声，便接着说："我们今天的革命工作还是秘密的，你们都有责任帮我保管好这个箱子，保护好党的文件，这个箱子里装的不是金银财宝，但比金银财宝更重要，要是被坏人弄走了，后果是不堪设想的。"

毛泽东和杨开慧的话，使毛泽覃受到了一次深刻的革命教育。

水口山风暴

(1922—1923)

→ 康家戏台

★★★★★

（17 岁）

　　1922 年下半年，湖南工人运动在毛泽东的领导下，达到高潮。10 月间，全区已有十三个工会，有组织的工人达三万多人。绝大多数工人都参加了罢工。毛泽东和中共湘区区委在斗争中培养了一批优秀的工人干部和大量的积极分子，并发展了一批党员。共产党员在一些工会中任主要负责人。在此基础上，中共湘区委员会积极策划把各行各业工会联合起来，成立全省工人统一组织，以进一步开展工人运动。

　　水口山当时为湖南官矿，开办几十年来，工人生活待遇渐趋日下。每人每月多的可以得到二三十元，少的则只有三四元，甚至每天六十余文钱的也有。在待遇上，由于是官矿，当局职员或为军阀亲朋，或为军政府的落伍者，尽是一派官气，满口官腔，视工人如牛马，不断加以盘剥，为所欲为。工人吸烟者罚工五日，大笑者亦罚工五日。油米处卖给工人食米，总是大斗进小斗出，还掺沙掺水，工人们都敢怒不敢言。

1922年冬，中共湘区委员会派共产党员蒋先云和谢怀德来到水口山加强对这里的工人运动的领导，在康家戏台成立了工人俱乐部，建立了中共水口山小组，准备开展罢工斗争。

蒋先云送罢工计划到清水塘，请毛泽东审阅，趁此机会，毛泽东托蒋先云将毛泽覃收下做学生，带他到风雨中摔打。

毛泽东是比较喜欢小弟弟毛泽覃的，因为喜欢，所以对毛泽覃寄予的希望极大。

不久，毛泽覃乘坐去衡阳的小火轮离开长沙。毛泽东和杨开慧带着孩子岸英到码头送行，他再三嘱咐弟弟："要按党员标准要求自己，到水口山以后要好好锻炼和改造自己，要下到最底层，到敲砂棚去敲矿，到矿棚里去劳动，和工人同吃同住同劳动，与工人交知心朋友。只有这样，你才能领导工人运动。"

"哥哥，你放心吧。"毛泽覃含着泪花向哥哥挥手告别。

到水口山以后，毛泽覃担任工人俱乐部教育委员兼工人学校教员，并以教学为掩护，宣传马克思列宁主义。他遵照大哥的教导，经常到敲砂棚、机器间和矿井里去劳动，每逢星期天，便下矿井和工人一道采掘矿砂。很快他就成了工人的知心朋友，工人们有话无不对他说。特别是工人的痛苦，使他了解得更加详细。他曾对工人说："挖煤的工人没有煤烧，织布的工人没有衣穿，做田的农民没有谷吃，不是我们生来就穷，是这个社会太不公平！"工人问他怎么办，他高声地说要造反。

位于矿工腹地的康家戏台，亮着一盏通红的灯火。康家戏台是个年代久远的小台子，翘角屋脊灰瓦剥落，雕梁画栋蒙上蜘蛛网。现在这里办起了工人夜学。蒋先云、刘东轩、毛泽覃等，在戏台子后边一间破旧而不显眼的小屋里，筹划和部署着威震四方的斗争。

毛泽覃独自坐在桌前，思索着今晚的课该怎么上。几天来，他下窿道，进砂棚，串茅屋，和工人一同打砂、敲砂、谈家常。他听过多少惨绝人寰的故事，听过多少催肝裂肺的悲歌！昨天，他下到一条昏暗的窿道，看见一群老窿工，一边打砂，一边哼着曲调十分悲凉的歌。他深深地被歌声感动了，窿工们告诉他，这个叫《打砂歌》，唱的都是打砂人的痛苦。他们一句句念，毛泽覃一句句记，这种窿工们自编自唱的苦歌，不正是激发工友们奋起斗争的好教材吗？

讲课的时间到了，毛泽覃对着工友们说：工友们，我今晚讲些什么呢？我讲我过的最伤心的一首歌——水口山工人自己的歌！

他吟诵起来——

打砂苦，打砂难，背打驼，肉打干。

桐油灯盏岩上挂，年年月月吃油烟。

饥肠辘辘好难过，一根草绳腰上缠。

没得力，歇一锤，监工抽我五竹鞭。

活着打砂活受罪，碰到瓦斯命归天。

一天从早打到晚，只得三升糙米钱。

等到明天不能打，老板把我踢出山。

一边打，一边喊，打砂难，打砂难！

随着毛泽覃的吟诵，窿工们情不自禁地哼起歌来，一张张黑瘦的脸深沉而悲恸。

毛泽覃非常动情，语调有点颤抖地说："这歌唱的是不是真情？窿工们的日子是不是这样苦啊？"

▽ 康家戏台

众人的干柴被毛泽覃一点火，全部燃烧起来！罢工的呼声一浪高过一浪。

→ **锣声响亮**

★★★★★

（17–18 岁）

1922 年 12 月 5 日，震惊中外的水口山大罢工爆发了，轰鸣的机器停了下来，矿区各路口高悬"罢工"、"救命"、"以前是牛马，现在要做人"的四方白旗，矿井也空无一人。一队队工人纠察队在各处巡逻。平时作威作福的工头们都龟缩起来了。

资本家断了财路，恨得直咬牙，气得直发抖。工人俱乐部向他们提出"十八条"，资本家拒不签字，而是采取了流氓手段。起初他们想利用小恩小惠收买蒋先云、刘东轩等人，遭到当面怒斥，接着又暗地送给他们光洋，阴谋又被揭露出来。资本家断定软的肯定不行了，必须来硬的。一边调兵遣将，一边又发出请帖，邀请罢工负责人蒋先云到局衙里谈判。

19日下午，工人俱乐部干部开会，商量对策。蒋先云主持会议，提出：资本家这样做，是想用搞掉俱乐部头头儿的办法来扼杀罢工。去谈当然有危险，不去谈又怎能揭露资本家的阴谋，迫使他们在"十八条"上签字呢？

有人说："这是一个圈套，一去准没命。"有人说："不去显得我们胆怯，况且的确需要同资本家进行面对面的谈判和斗争。"最后意见几乎是一致的：不要去谈！

大家只等蒋先云表态。蒋先云看了一眼毛泽覃，见泽覃还没有发言，便说："泽覃，说说你的看法？"

毛泽覃说："还是应该去，据理力争，壮大我们的声望。但在外面我们必须把3000工人组织好，做代表们的后盾。"

蒋先云听后连连点头："泽覃说得对，正是我想说的，万一资本家顽固到底，那也没什么，革命嘛，就得准备掉脑袋。我相信工友们会给我报仇的，与资本家斗争到底。"

当晚，蒋先云等分头下到各家各户，布置第二天示威之事。毛泽覃和纠察队长谢怀德一道，在俱乐部召开纠察队员会议。毛泽覃详细讲述了示威的事，一再叮咛，如果局衙里的坏蛋对蒋先云等施加毒手，纠察队员就一定要冲进去，压倒坏蛋的气焰！

有人问："冲锋，凭什么信号？"

毛泽覃从墙上拿下一面铜锣，说："如果资本家要害咱们工人代表，我就猛敲铜锣，纠察队立即往里冲，坏蛋们不乖乖就范才怪呢！"

第二天，工人代表蒋先云等人昂首走进了局衙门，没谈几句，资本家就粗暴地逼他们要工人复工，遭到严词拒绝后，资本家招来了埋伏好的几十个打手，准备下毒手。

这时，早已躲在暗处的毛泽覃见状立即从背后摘下铜锣，一阵惊天动地的铜锣声敲响了！

接着，就有数不清的工人举着各式工具迅速地拥进去，把局衙门围得水泄不通。震天动地的抗议声响彻云霄。

资本家顿时吓得瘫软了，乖乖地在协议书上签了字，罢工取得了胜利。毛泽覃在水口山度过了一个多月很有意义的时日，便回到清水塘。1923 年 4 月，他再次来到水口山，在工人俱乐部任教育股委员，热心宣传革命真理，组织工人运动。经受了严峻的考验后，同年 10 月，在水口山加入了中国共产党。

会师联络人

（1924—1928）

⊙→ 南下广州

（19—20岁）

　　一年后，毛泽覃被调回省城，担任长沙社会主义青年团执行委员会书记。他和田波扬等人发起成立了湖南青年学艺社。他们经常深入工厂、码头、学校宣传孙中山的联俄、联共、扶助农工的三大政策。在毛泽覃那间简易的住所里，进进出出的多是渴望真理的穷苦的码头工人。

　　1924年暑期，赵先桂同毛泽覃在韶山东茅塘毛麓钟家正式成亲。毛泽覃与赵先桂的结合，是完全由父母包办的典型的封建婚姻。婚礼仪式非常简单，胞兄赵储琳送亲，表兄文涧泉当介绍人。

　　1919年毛泽覃的母亲病重，赵先桂与妹妹来到韶山冲毛家侍候老人，直到母亲去世。

毛泽覃在 1918 年由哥哥带到长沙读书。之后，毛泽东又带赵先桂到长沙求学。同时在长沙的还有杨开慧、毛泽民、王淑兰等，他们时常聚集一处。毛泽东在给干妈、七舅母的信中还说道："甥今年住家读书，没有在外边做事，幸喜身体还好，每天也还快活。泽民、泽覃、淑兰、先桂、泽建、开慧都好，不劳挂念。"

毛泽覃与赵先桂在寒暑假日回家，也结伴同行。毛泽覃在母亲去世后，回韶山常住在赵家。在毛泽东的劝说下，赵先桂继续到长沙读书，并于 1920 年加入了新民学会。1923 年，就读于长沙古稻田师范，并在那里加入了中国共产党。

婚后，他们在一起时间不长，因工作需要，各奔东西。1925 年 10 月，赵先桂受党派遣，赴苏联莫斯科中山大学学习。此后，毛泽覃与赵先桂夫妻俩天各一方，断了联系。

1925 年 2 月，毛氏三兄弟返乡在韶山建立党支部，办农民夜校，并秘密组织农民协会。土豪劣绅嫉恨毛氏三兄弟的活动，向湖南省长赵恒惕告密。这年 8 月 28 日，赵恒惕签发了一封急速逮捕毛泽东的密令，送到湘潭县长办公室。县议员郭麓宾看到后，派人连夜赶到韶山报送消息。当晚正巧毛泽东和毛泽民一起到谭家冲农协开会去了。留在家里的毛泽覃听说大哥要出事，飞快地赶到谭家冲农协。韶山冲是回不去了，三兄弟商量后决定去长沙，后又去了广州。

➡ 二次婚姻

★★★★★

（20岁）

1924 年 1 月 24 日，孙中山在国民党"一大"上提出"设校建军案"，并以大元帅的命令，任命蒋介石为军校筹备委员会委员长。1月 28 日选定校址，6 月 16 日正式挂牌成立并举行开学典礼，校名全称为黄埔陆军军官学校，蒋介石被任命为校长兼粤军参谋长，廖仲恺被任命为党代表，孙中山兼任军校总理。

这是一个新式的军校，实行党代表制和政治工作制。设置了政治、教授、教练、管理、军事、军需、军医等专业，开设了三民主义浅说、中国国民革命运动、社会主义原理、帝国主义侵略中国史、中国农民运动、军队政治工作等课程，聘请了苏联顾问，建立了中共特别支部，教员学生中有不少共产党员。军校当年招生三千多人，编为两个团。现在的学生已经编为一个军了，国民革命军第一军就是以军校学生为主组建的，军长由校长蒋介石担任。

毛泽覃进入黄埔后，没有成为军校的正式学生，根据组织的安排做了文职人员，继续从事党的秘密工作。

周文楠祖籍江西省临川县，小名三妹，又名周菊年、周润芳，1910 年 10 月出生于广西桂林。她父亲周模彬在清末做过知县、知州，在社会上颇有名望，后来在长沙定居，住在小吴门松桂园 1 号。周模彬去世后，她和母亲周陈轩及哥哥周自娱一家住在一起。周自娱，名颂年，早年中过秀才，做过滇军总参议、江西实业厅调查矿委员、月口行营判官等职，1925 年 7 月广州国民政府改组后，他解甲闲居长沙松桂园。

毛、周相识于 1924 年。当时周文楠的侄孙女周国英在长沙黄家坪颜子庙平民半日学校读四年级，级任老师是毛泽覃。12岁的周国英是班上的好学生，毛泽覃非常喜欢她，常买来笔、墨、纸、砚等奖励她。这时他住在望麓园宁乡同乡会宿舍的织布厂的楼上，此地离周家不远，毛泽覃常去访问，检查周国英作业，这样便和周文楠认识了。

周文楠个头较小，1.50 米左右，身材瘦弱，额头、颧骨稍高，细长眼睛，脑后梳着发髻，倒像江南水乡农村妇女的模样。可是，她性格刚毅，举止利落，浑身上下透着一股灵气，颇有乃父气质。当时她在长沙含光女子职业学校念中学。一次，班主任张老师生病，请毛泽覃为他代课，通过学习交流，周文楠便对毛泽覃产生了一定的感情。从毛泽覃嘴里，周文楠了解了毛泽东一家，她由衷地敬慕这个革命家庭。毛泽民、郭亮、夏明翰、萧子昇等人常在周家活动，众人与周家关系密切。

周文楠与母亲周陈轩是过了1926年的元旦才动身前往广州的，母女俩好不容易找到了黄埔军校，又被守门的岗哨挡住了。岗哨问她们要找的毛泽覃是哪班哪个团的，她们说不清楚，又问她们还认识不认识别的人，她们说只认识毛泽覃一个人，岗哨说黄埔军校有好几千人，不知道具体单位没法找到。她们央求通报一下，岗哨说："不知道在哪里怎么通报？"军校一天换几班岗哨，每班岗哨都是这么说。她们求了几遍没有结果，只得在大门不远的一个旅店里住下来。母女俩每天都在附近的大街上走来走去，期望能够碰到要找的人，功夫不负有心人，他们终于在大街上碰到了。

珠江是东江、西江、北江汇合后流经广州入海的一段。"珠水烟波接海长，春潮微带落霞光。黄鱼日作三江雨，白露天留一片霜。"这首诗道出了珠江的气候。珠江码头又在入海口处，江水较宽，水面辽阔，加之清晨风浪很大，气温也比市内低得多。毛泽覃早晨出门的时候没穿棉衣，冻得直打喷嚏。送走二哥后他急急忙忙往回赶，走了好长时间身上才有点热气。军校早饭的时间错过了，他正盘算着去哪个饭馆填填肚子，却被一个急促而又熟悉的声音喊住了："小毛先生，三先生……"

毛泽覃闻声停住脚步,看到是老房东母女俩。他乡遇故知自有几分惊喜,多年的照顾也算有了回报的机会,他还不知道母女俩来此的目的,客气地要陪她们在广州玩几天。他说广州不同于长沙,洋人多,洋人带来的西方玩意儿也多,既然来了就走走逛逛多住几天,又说自己以前给她们添了麻烦,现在应该做东好好招待她们了。周文楠一改往日的活泼与直率,显得一副心事重重的样子,周陈轩也浅浅地笑着,对他的安排没作任何回应,毛泽覃这才知道话没说到点子上,忙问她们干什么来了。

▽ 黄埔军校旧址

"找人。"

"找到了吗?"

"找到了。"

"找谁呀?不会是我吧?"

"就是你。"

"就是我?文楠,你们有什么事?"

周文楠没办法再说下去了,只得求助地看了看母亲。她绝望地放声大哭起来。

见惯了官宦小姐的欢乐与无畏,如此的悲伤痛苦还是第一次,毛泽覃像大哥哥哄小妹妹似的,半是劝解半是玩笑地问她哭什么,她不但没有停止,反而越哭越厉害。看着自己的劝解不顶用,毛泽覃就求救似的望着周陈轩:"周妈,文楠哭得不对呀,这里面好像有文章?"

"是有文章。"

"有什么文章?"

"毛先生,你是真不明白还是假不明白?"

"周妈,怎么是假不明白?我是真不明白呀。"

"真不明白我就给你说明白。泽覃,文楠一直喜欢你,俺娘儿俩千里迢迢跑到广州,就是为这个来的。泽覃,是要拒绝文楠的求婚吗?"

"这,这,这个事情很突然,周妈,能不能让我考虑考虑?"

"泽覃,你应该考虑考虑,我去打开水了啊。"周陈轩说完,拿着水壶走了出去。

　　房间里只剩下了两个人，他们感到了从来没有过的不自在。过去虽然有过无数次独处的经历，彼此面对的毕竟是房东、房客或者是兄长与妹妹。骤然间关系改变了，一方是蓄意已久，一方是猝不及防，猝不及防者没有任何的思想准备，蓄意已久者也觉得不好意思。毛泽覃还没有从和赵先桂的婚姻中摆脱出来，一时也难以接受周文楠，更无法接受兄妹之间的角色转换。

　　捅破了两个人之间的窗户纸，周文楠没有了任何的心理障碍，也很快恢复了以前的老样子："泽覃，我的心里话妈都替我说了，你到底答应不答应？"

　　"我再考虑考虑。"

　　"是考虑还是借故推脱？泽覃，看在我照顾你几个月的辛劳上，看在俺娘儿俩千里相投的真诚上，看在先桂姐临别相托的情分上，你给我个痛快话。行，我们马上在广州结婚，不行，我马上走人！"

　　"既然如此，我就给你把话说清楚。我能接受你，也很喜欢你，但能否结婚，我不敢擅自做主。"

"还要谁给你做主？"

"大哥、大嫂都在广州，我得征求一下他们的意见。"

"征求一下大哥、大嫂的意见也行，我也正想见见他们呢。泽覃，我们现在就去吧？"

周文楠说着就要走，毛泽覃却迟迟不肯动身。

因为担心大哥、大嫂的指责，毛泽覃迟迟没去征求他们的意见，又因为没有断然拒绝，周家母女也没有离开广州，她们住在旅店里继续等待着，不知不觉中就过去了两个月。

两个月中，毛泽覃由周恩来介绍从黄埔军校调到了广东区委工作。

在这两个多月的时间里，广东形势发生了根本性的变化。1926 年 3 月 18 至 20 日，蒋介石制造了中山舰事件。

3 月 18 日上午，蒋介石的党羽以黄埔军校驻省办事处的名义，打电话给海军代理局长、中山舰舰长、共产党员李之龙，诡称奉蒋校长电话指示，要海军局调度所辖中山舰到黄埔候用。中山舰依照指示开到黄埔后，他们又散布谣言说共产党阴谋暴动，要推倒蒋介石改建工农政府。蒋介石据此调动军队，断绝了广州内外交通，包围了省港罢工委员会和东山苏联顾问办事处，逮捕了李之龙及中山舰上的所有共产党员，扣押了国民革命军第一军、第二师中的共产党员四十多人，还强迫三百多名共产党人和国民党左派退出第一军。23 日，汪精卫因此请长期病假。通过中山舰事件，蒋介石既打击了共产党，又排斥了汪精卫，还进一步控制了国民党的军政大权。

　　针对蒋介石的突然袭击，毛泽东极力主张反击。他说:"就广州一地而论,蒋介石的实力是大的,但就粤桂全局而言,蒋介石的实力是小的。必要时可把我党掌握的革命武装集中到西江一带,说服国民党左派离开广州,争取第一军之外的其他各军,武装声讨蒋介石背叛革命的行为。"并建议剥夺蒋介石的兵权,逼迫蒋介石下台。这一正确主张不为陈独秀所采纳,他派到广州的代表张国焘和共产国际的代表,也采取了片面退让的右

▷ 当时的中山舰

倾投降主义路线，认为是共产党的"急进政策"，导致了中山舰
事件的发生。

中山舰事件之前的 3 月 16 日，毛泽东在参加国民党中央执
行委员会第十二次会议提出多项议案后，又出席了国民党中央
农民运动委员会第一次会议。几天后，他又收到国民党中央常
委会的通知：

径启者：3 月 19 日本会第十三次常委会农民部提出，请委派
毛泽东同志为农民运动讲习所所长案，经即席议决批准，相应函达
查照。此致

毛泽东同志

中央执行委员会常委会

国民党中央常委会决定由毛泽东筹办广州第六届农民运动
培训班，并兼任农民运动讲习所所长。往届培训班只招收广东、
广西的学员，毛泽民参加的第五期扩大了招生范围，但是也只
招收湖南、湖北、福建三省的学员。第六届培训班招收了来自
全国 20 个省的 327 名学员，是历届培训班中人数最多、省份分
布最广的一届。韶山党支部也送来了五名学员，上屋场的邻居
毛爱棠也来参加了学习。

本届培训班的学习课程有二十五门，下发的各种参考资料
有三十种之多，内容主要是农民问题，也包括中国革命各方面
的基本知识。毛泽东除了担任所长外，还负责讲授农民问题、
农村教育、中国地理三门课程。私塾先生毛简臣的儿子毛岱钟

从湖南法政学堂毕业后当了律师，先后谋生于长沙、贵州、云南等地，现在广州国民革命政府审计室当科员，毛泽东打算请他来给学员代讲法律课。

培训班设在广州市内中轴线上的番禺学宫里。

学宫原是一座始建于明朝洪武三年（1370）的孔庙，这里离东山庙前西街不远，毛泽东经常在此食宿。他不在家的时候，杨开慧就坐在房前的走廊下看报纸，有了重要信息就搜集起来给他留着。因此毛泽覃与周文楠来到这里的时候并没有见到大哥，只见到大嫂及在一边玩耍的岸英与岸青。

进入客厅后，周文楠就把自己的想法说了一遍。杨开慧一时又不知道怎么才能帮助他们："三弟，蒋介石制造了中山舰事件，向孙中山先生的'三大政策'砍了第一刀。广州的形势还在进一步恶化，你大哥又在筹备农讲所开学，眼下顾不得过问你们的事情呀。"

"大嫂，大哥顾不得过问，你就为我们做主吧。"

杨开慧被周文楠的执著与真情打动，她向院

子里的两个孩子招招手，岸英、岸青应声跑
了过来："妈妈，干什么呀？"

"岸英，岸青，这是你们的三婶，你们
叫了三婶后，三婶和三叔就算结婚了。"

周文楠激动地把他们揽进怀里，眼里滚
动着幸福的泪花。

⊙→ **逃脱虎口**

★★★★★
（21岁）

蒋介石在上海发动四·一二反革命政变
的第三天，李济深也在广州发动了四·一五
政变。

国民党中央机关和国民革命军主力北上
后，曾经担任过孙中山大元帅府大本营西江
办事处处长、黄埔军校教练部主任、国民革
命军第四军军长、陆军上将的李济深留守广
州，成了国民革命军总参谋长和后方留守处
主任，并代行总司令职权，同时还兼任广东

省政府主席、广东省政府军事厅厅长、黄埔军校副校长、国民革命军第四军军长,一人总揽了广东的党政军大权。

第四军在副军长的带领下由西路北伐,攻必克,战必胜,获得了"铁军"的称号,军长坐镇广州,也受到了蒋介石的破格重用。四·一二反革命政变发生之前,李济深与主管财政的广州国民政府财政部长兼广东省财政厅厅长古应芬一同去了上海,参加了蒋介石召开的秘密会议。蒋介石在上海动手后,李济深也宣布广州戒严,并派遣大批军队包围了中华全国总工会广州办事处、省港大罢工委员会和苏联顾问住宅,解除了黄埔军校及罢工委员会的工人纠察队武装,搜查封闭了所有的革命工会、农民协会和学生、妇女组织的办公地点,共捣毁革命团体二百多个,逮捕杀害共产党员和革命积极分子两千一百多人,驱逐铁路工人两千多人。优秀的共产党人邓培、萧楚女、熊雄等同志,都是在四·一五反革命政变中遭到逮捕杀害的。作为回报,在 4 月 18 日蒋介石成立的南京国民政府中,李济深担任了国民政府委员、国民政府军事委员会总参谋长、广东省政府主席、中央政治会议广州分会主席和第八路军总指挥。

从逮捕杀害共产党员和革命积极分子的人数上看,广州比上海的政变更血腥、更恐怖、更疯狂,毛泽覃比在上海的二哥毛泽民的处境也更严酷、更凶险。中共广东区委书记陈延年是陈独秀的大儿子,当然是广东反动派打击的头号目标。陈延年的头脑比父亲陈独秀清醒得多,对国民党右派也从来不抱什么幻想，上海四·一二反革命政变发生后，广东区委就要求共产党员转移疏散。毛泽覃接到组织上的通知后，一直在考虑着怎么转移、向哪里转移的问题。周文楠的身材本来又瘦又小，四个月的身孕比人家接近生产的还明显，行动起来非常困难，就近转移不能避开反动派的迫害，长途跋涉又怕身体吃不消，形势危急，转移疏散只能投亲靠友。上海的二哥那里不能去了，要去只能到武汉的大哥那里，去武汉坐火车又怕有军队拦截，

▽ 民国初年的广东财政厅外景

走水路还要经过上海，上海的局势同样紧张，安全也更加没有保障。夫妻俩讨论来商量去，总难想出万全之策。

形势一天比一天紧张，根本不允许他们优柔寡断。毛泽覃反复查阅了地图，发现从广州到上海的轮船是先经吴淞口后入黄浦江才驶进上海的，如果他们在吴淞口下船就不必进入市区，也就受不到白色恐怖的威胁了。有了这个发现，他们决定走水路在上海的吴淞口下船，然后再从那里转乘长江的客轮去武汉。

吴淞口是黄浦江的入海口，也是上海的水上门户，从广州到上海的客轮要经过这里，从上海到武汉的客轮也要经过这里，进进出出的轮船要在这里上客或卸货。来来往往的船只不停地鸣响着汽笛，工人们忙着工作，旅客们忙着转乘，人们很少注意与己无关的事情，来到这里才知道他们的选择是正确的。

革命者为了躲避反动派的搜捕要离开上海，提心吊胆的普通市民也想寻求一个相对安全的地方，去武汉的旅客就分外地多起来。从始发码头上船的旅客本来就很多，经过吴淞口时又挤上来一大批，船上早就严重超员了。上船的旅客像无头苍蝇似的挤来挤去，都想找到一个座位休息一下，可又很少看到有座位空闲着。他们在狭窄的通道上挤了几个来回，还是没有发现可以歇脚的地方。两个人坐在一起的可能性是没有了，能为周文楠找个地方也行。一个座位都找不到，毛泽覃有些焦急。

船上逐渐安静下来。就在毛泽覃彻底失望的时候，竟意外地听到了一个熟悉的声音，他循着声音望去，看到是二哥毛泽民在喊他："三弟，三弟。"

两对患难夫妻意外相逢，格外激动。他们互相询问对方的情况，由开始对彼此妻子的质疑，到后来的认同和理解，他们更加亲近、更加高兴。

→ 兄弟重逢

★★★★★
（21岁）

毛泽民和毛泽覃夫妇结伴来到武昌都府堤 41 号大哥毛泽东的家。大嫂杨开慧热情地把弟弟和弟妹迎进门。毛泽东高兴得连声说："你们回来了就好了！回来了就好！"

毛泽东是 2 月中旬从长沙到武汉的。之前，他到湖南农村考察农民运动，去了湘潭、湘乡、衡山、醴陵、长沙五县。历时三十二天，行程七百多公里。他亲眼看到农村革命的沸腾生活和许多过去闻所未闻、见所未见的新奇事。他兴奋地告诉弟弟们，在这次考察中，他最先去了湘潭县城、银田和韶山一带。家乡韶山的情况，与他1925年秋天离开时，已经大不一样。祠堂、庙宇做了农民协会的会址，农民协会还组织农民修塘、修坝，禁烟、禁赌，办农民夜校，韶山成了农民的天下。毛泽东还告诉弟弟们："国民革命需要有一个大的农村变动。辛亥革命没有这个变动，所以失败了。现在有了这个变动，乃是革命完成的重要因素。"

　　大革命失败了。人们心中充满了迷茫和惆怅。毛泽东却高瞻远瞩，从农民运动的蓬勃发展中，看到中国革命的希望和曙光。他的一席话更坚定了兄弟们革命到底的决心和毅力。

　　四·一二政变之后，武汉国民政府组织西路北伐军主力在武昌东湖誓师，开始"第二期北伐"，许多共产党人还企望北伐军与冯玉祥的军队联合消灭张作霖后会迎来中国革命的胜利。上一年的9月17日，从苏联学习归来的冯玉祥响应北伐战争在绥远的五原誓师，宣布全体国民军集体加入国民党，其部队也改编为国民军联军，冯玉祥自任总司令，他也采纳了李大钊提出的"固甘援陕，联晋图豫"的八字战略方针，率部进陕甘，出潼关，并配合北伐军击败了奉军在河南的主力，但并没有像共产党人企望的那样。6月8日，汪精卫、谭延闿、孙科等人以赴前线指导为名前往郑州，与正在那里的冯玉祥举行了会谈。冯玉祥主张停止宁、汉之争，希望蒋、汪联合，为下一步武汉的"分共"与蒋、汪的合流扫除了北顾之忧。6月19日，蒋介石又与汪精卫、冯玉祥在徐州举行会议，共同达成了反共、反苏协议，进一步完成了宁、汉与蒋、汪的合流。

冯玉祥靠不住，蒋介石与汪精卫更靠不住，三大军阀同流合污，在联合对付共产党和工农革命上达成共识，使轰轰烈烈的第一次大革命归于失败，也把共产党人逼入了绝境。一大批共产党的领导人英勇牺牲，几十万群众死于非命，党的组织遭受沉重打击，损失十之八九。

此时的武汉三镇，已黑云压城。中国共产党面临着何去何从的选择。毛家三兄弟同样面临着何去何从的选择。毛泽东曾对两个弟弟说："和平的日子不多了，我们三兄弟在一起的日子也不

▽ 曹锟（左）、张作霖（中）、吴佩孚（右）

多了。"随后他谈了自己对今后的想法和安排。兄弟三人便各奔东西。毛泽民根据大哥的意见，回湖南准备秋收暴动；毛泽东则到湘赣边界发动秋收起义。

周文楠身怀八个月的重孕，随军出发是不可能的，也是不允许的。跟着大哥、大嫂一家，成为拖累不说，生了孩子也没人照顾。跟着二哥、二嫂更不行，毛泽民和钱希钧都有工作，确实顾不得照顾孕妇生孩子。

武汉没有了革命者的立足之地，在哪里生孩子成了一家人的难题。大嫂、二嫂都想为弟妹分忧解愁，又都爱莫能助。周文楠也感到没有别的办法，想想只有回到长沙的老家去。何键一直在长沙疯狂地捕人、杀人，哥嫂们又都不放心。周文楠指着自己的身子，说这个样子没人怀疑她还能进行革命活动，再说住在自己家里，平常尽量减少外出，安全不会有什么问题。哥嫂们也没有更好的办法，只有同意她的主张。

主意确定之后，毛泽覃连夜把周文楠送上火车。

毛泽覃也离开武汉，前往江西南昌。

由于颠沛流离的战争生活，周文楠与毛泽覃在武汉分手后，就再也没有见过面。周文楠回到长沙不久，他们的儿子毛楚雄出生了。这个出生在血雨腥风中的孩子，自从来到人世，就不曾见过自己的生身父亲。然而，他像父亲一样，也为中国革命英勇捐躯了。

→ **寻找队伍**

★★★★★
（22岁）

　　1927年7月，毛泽覃所在的国民革命军
第四军由武汉开往九江，原计划是参加南昌
起义的。因为军长张发奎中途变卦，取消了
参加起义的计划后，又与江西省政府主席朱
培德在庐山密谋，企图扣押该军二十四师师
长叶挺，并要清除逮捕第四军中的所有共产
党员。正在第四军担任参谋长的叶剑英了解
这一情况后，马上通知有关人员转移。毛泽
覃接到通知后脱下军装，换上便衣逃出九江
县城，来到了城东的鄱阳湖口。听说叶挺在
周恩来的领导下正在发动武装起义，他立即
踏上了去南昌的征途。

　　从九江到南昌有三百多里路，毛泽覃在
湖口坐上了一只运粮的木船。当他赶到南昌

时，八一起义的枪声已响过了，起义军已于 8 月 3 日，离开了南昌，取道临川、宜黄、广昌，向广东进军。毛泽覃一进入南昌城门口，便被反动军警拦阻盘查。毛泽覃身穿长衫，潇洒英俊，反动军警官吏问他从何而来，他掀开长衫，指着内衣上那枚第四军军部上尉书记官的符号说："我是从这里而来。奉军部命令有重要任务，谁敢留难？如误了戎机，定加严惩！"敌人见他神色镇定，不敢怠慢，向他点了点头，很客气地放他的行。

毛泽覃脱险后，顺着起义大军南下的路线，一路追赶。路上敌人设卡站岗，他只好爬山越岭抄小道行走。脚走烂了，钱用光了，食宿都成问题。于是脱下身上穿的那件长衫卖了几块钱来作盘缠。行至临川附近的一个村庄时，突然从树丛中冒出两个持枪的大兵，极不客气地拦住了他的去路："干什么的？"

他不敢说是寻找起义部队的，也不能暴露自己的真实身份，一时不知如何回答。

"唔，问你呢，干什么的？"

"我，我，我……，你们，你们是哪一部分的？"

"嘿，倒盘查起我们来了，支支吾吾，吞吞吐吐，不是探子就是奸细，抓起来！"

又有几个大兵从树丛中蹿出，抓住毛泽覃就向村内押去，村内有一个农家大院，他们把他绑在院中的一棵大树上。毛泽覃摸不清这里的底细，就在院子里大喊大叫起来："你们是哪一部分的？哪一部分的？为什么抓我？为什么要抓我？"

会师联络人

正巧有几个人说说笑笑地从门外走进来，其中一个竟是周恩来。在黄埔军校和两广区委工作期间，毛泽覃就与周恩来有过多次接触，看到周恩来就等于看到了起义的部队。因为双手还被绑在大树上，他就大声地喊叫起来，周恩来也立即认出了他："哎，这不是泽覃同志吗？怎么回事呀？"

"报告总指挥，这是我们抓到的一名奸细。"

"什么奸细呀？这是我们自己的同志，快放人，放人。"

第二天便安排毛泽覃在叶挺任军长的十一军政治部工作。

部队在临川经过一番休整，便转战到广东。当主力进至汕头、揭阳地区时，因遭到优势敌军的围攻而失败。另一部分在三河坝，由朱德指挥，闻听汕头方面我军遭强敌攻击，便挥师援助。行至饶平，遇上了由潮汕撤出来的一部分部队二百余人，才知我军战斗失利，已分散行动。毛泽覃已随那二百余人的起义军，跟上朱德、陈毅，转战到湘、粤、赣三省交界的安远、大余、韶关、汝城一带活动，不久又移师湘南，在湘南开展革命斗争。部队先在宜章号召工农群众团结起来打土豪、分田地。毛泽覃表现了非常成熟的组织能力，并与当地一个叫胡少海的人交上了朋友。胡少海原在程潜部任过营长，倾向革命。1928年1月中旬，朱德通知他带一支人马，模仿国民党军队，大模大样开进了宜章县城，缴了民团的枪，逮捕了土豪劣绅。朱德领导举行了宜章暴动，成立了宜章县苏维埃政府和工农革命军第一师，打响了湘南暴动第一枪，从而整个湘南燃起了革命火焰。

短短一个多月的时间内，起义部队就占领了宜章、郴州、永兴、资兴、耒阳五个县城，湘南也很快出现了革命运动蓬勃发展的大好局面，青年农民纷纷报名参军，革命队伍迅速扩大到八千多人。新的部队沿用了秋收起义的部队番号，定名为中国工农革命军第一军第一师，朱德任师长，陈毅任党代表。

国民党派许克祥前来围剿，结果两千余人大部分被歼。湘南形势的发展使国民党大为惊恐，急忙从广东、广西、湖南三省调集了七个师。一支支重兵从四面扑来，包围圈越来越小，革命军的几位领导在师部内紧张地商议着对策。正是寒冬腊月冰封雪冻的时候，纷纷扬扬的大雪还在窗外飘洒，部队一无供应二无援兵，寒冷、饥饿和流行病随时都在威胁着每一个战士。如不及时打破国民党的包围，革命军随时都有被消灭的危险。如要找准敌军的空隙冲出去，就要确定一个正确的战略方向。

粤汉铁路沿线是必须避开的，除此之外向东还是向西？朱德指着墙上的《敌我态势图》，反复强调着下一步战略方向选择的重要性。要把队伍带出去，还要为部队寻找一个安营扎寨的地方，

不能出了狼窝又进虎穴。南昌起义以来已经连续转战半年多了，确实应该寻找一个歇脚喘息的地方。

半年来一直是无后方作战，部队还没有自己的根据地，突围尚且没有保障，又到哪里寻找安身之地？这时有人想到了一个出路，去井冈山与毛泽东会合。

1927 年 8 月 3 日，中共中央制定了《关于湘、鄂、粤、赣四省农民暴动大纲》，就发动农民秋收暴动、开展群众武装斗争、进行土地革命和建立革命政权等问题作出了明确指示。8 月 7 日，中共中央在汉口召开紧急会议，正式结束了陈独秀的右倾投降主义领导，确定了实行土地革命和武装起义的总方针。

在中央临时政治局分工之前，主持中央工作的瞿秋白，曾征询毛泽东是否去上海中央机关工作的意见。毛泽东坚决表示，不愿去大城市住高楼大厦，愿到农村去，开展武装斗争。

不久，毛泽东被派往湘赣边界，担任中共湖南省委前敌委员会书记，领导秋收起义。为了组织起义队伍，他不辞辛苦奔走在安源矿工与平江、浏阳、醴陵一带的农民自卫军之间，在各地党组织的帮助下，迅速组成了一支总计兵力为八千人的秋收起义部队——工农革命军第一军第一师。

9月9日，湘赣边界秋收起义爆发。起义军各团按照事先预定的部署，分别攻取平江、萍乡、醴陵、浏阳后，一齐向长沙推进。但在强敌的重兵包围之下，各路起义部队的军事行动均遭受严重挫折。在万分危急的时刻，毛泽东力挽狂澜，毅然决定，放弃原定攻取长沙的计划，迅速脱离容易遭受国民党军围攻的平江、浏阳地区，沿罗霄山脉南移，寻求立足点。在毛泽东的亲自指挥下，秋收起义的部队经过著名的"三湾改编"和"古城会议"，于10月27日到达茨坪，把革命的红旗插上了井冈山。

➡ 大智大勇

★★★★★

（22岁）

朱德、陈毅都是四川人，都在国外加入中国共产党，虽然都有较深的革命资历，因为没有在中共中央和国民党高层任职的经历，也都不认识毛泽东。没有与他共过事也就谈不上了解，与毛泽东会合虽是一个不错的选择，但怎么去井冈山与他联系呢？很快有人推荐了两个联络人，一个是毛泽东的三弟毛泽覃，一个是毛泽东派来寻找他们的何长工。两相比较，大家都认为毛泽覃去井冈山最合适。

朱德马上将领导研究的意见告诉了毛泽覃，嘱咐他尽快行动，语重心长地说："两军会师，是件大事，对这次行动的意义，可要有足够的认识呀！"

毛泽覃想了想说：“请首长放心，我一定完成任务！”

直到接受任务之后，毛泽覃才知道大哥的踪影，但对井冈山的斗争进行得怎么样，建立了多大的根据地还一无所知。从湘南的驻地到井冈山还有二百里路，中间有无数的国民党军队和民团武装，不改变身份难以通过敌人的封锁线。

罗霄山区，茶陵边界，一条石板古道爬山过谷，伸向宁冈县，伸向井冈山。1927年11月的一天，山谷里落着毛毛细雨。细雨中，一匹膘肥体壮的枣红马，沿着古道，自西向东，往井冈山的方向纵蹄奔驰。

毛泽覃骑在马背上，一手挥鞭子，一手拉缰绳。他穿着银灰色雨衣，清秀的面庞虽略显苍白，两撇浓眉下的大眼睛却仍然炯炯有神。他驱马疾行，肩负着重大的使命。

上次虎口脱险后，他便参加了叶挺同志所在部的十一军二十四师，投入了南昌街头的浴血战斗。随后，在胜利的锣鼓声中，他随部队撤出南昌，在敌人的追堵下，忍受酷暑和饥饿，转战于赣、闽、粤、湘四省。最近一段时间，他在朱德同志的身边生活和战斗。

随后，毛泽覃根据朱德同志的指示，对上山路线和沿途敌情作了详细的调查，便驱马启程了。

这时，工农革命军的一支队伍已攻占茶陵县城。但县内一些区域，仍是反动势力盘踞之地。自茶陵县城至井冈山的中心地带，路程一二百里，由于地主武装的阻挠袭击，我军交通联络十分不便。近来，伪团总罗团霄结集力量，疯狂反扑，带领兵马，镇守宁冈与茶陵之间的坑口，密岗密哨，日夜盘查。他扬言："谁能通过这条封锁线，除非展翅高飞！"为了保证前后方的交通联络，掩护革命同志，我工农革命军利用袁文才（原为地方民间武装首领，此刻刚参加工农革命军）与当地土豪的旧关系，派了一个连队打着袁文才的旗号，以"配合罗团霄维护地方秩序"为名，得以进驻坑口。在我军暂时腾不出足够力量与罗团霄作战的情况下，这当然是上策。毛泽覃上井冈山，必须路过坑口。坑口险要，敌人防守严密，使得他在上山途中上演了惊险奇特的一幕……

枣红马将要驰过坑口路卡了。这是个狭谷，道路两边，悬崖壁立，很像一条窄窄的街巷。几个团防油渣兵拦路而立。

一个歪嘴小头目问："干什么的？"

毛泽覃口气蛮大："找罗团霄的！"

"为什么要找我们团总？"

"这就不能告诉你了！"

歪嘴大发雷霆："什么话！我看，你就是可疑分子，搜！"

几个人张牙舞爪扑向毛泽覃。

毛泽覃敏捷地跳下马来，眼一瞪，手一挥，喝道："慢！搜，可以。可我有话在先！兄弟是带着军事机密来坑口的。你们要是背上了抢劫军事机密的嫌疑，我可不管哟！"

歪嘴粗鲁地说："什么军事机密！弟兄们，来！"

他们脱下了他的雨衣，只见他里面穿的是一套"国民革命军"军官制服，胸前佩戴十六军的符号，符号上写明他名叫"覃泽"，十六军军部副官。

歪嘴往他的军服口袋一摸，掏出一封信来，抽出信文一念，吓得目瞪口呆，面如土色，忙向毛泽覃深深一鞠躬，双手捧着信封还给他，赔礼道："长官，恕我失礼，请收下吧！"

原来，这是十六军军长范石生写给罗团霄的密信。大意是："正闻贵部驻守茶陵，屡遭共军骚扰，深表同情。我部将调防入湘，想与贵部合力会剿井冈山。他日大功告成，平分胜利成果……"

毛泽覃一把将信封抓过来，鄙夷地说："哼，信我是收下了，可是，只能带回我们十六军了！我要禀告范军长，就说有人泄露了军事机密！"说着，毛泽覃跨上马背，调转马头，做个往回走的样子。

歪嘴更加焦急，忙赶到毛泽覃的前头，双脚跪下，央求道："求求长官！求求长官！"

这时，猛听得一个沙哑刺耳的嗓音："什么事？"

油渣兵回头一看，见罗团霄走来了。此人又

△ 江西井冈山红军创立时的干部

矮又胖，脑袋滚瓜溜圆，眼睛小得像两颗豆子。

歪嘴小头目禀告罗团霄。罗团霄忙对马背上的毛泽覃拱手施礼道："兄弟给副官道歉，愿副官息怒！"

毛泽覃佯笑道："看在团总面上，信还是给你吧！"

伪团总接信一读，两只眼睛眯成一条线，说："贵军座的提议，正中下怀！理当设宴为副官洗尘，走，进寒舍少憩！"

毛泽覃会心一笑："好！"

这场喜剧是早已编好的。原来，朱德为了在广东取得立足之地，便利用他和国民党十六军军长范石生云南讲武堂同学关系，佯作投奔，受编于十六军，毛泽覃领得军部副官衔。不久，时机成熟，朱德便率部脱离了范军。这次，毛泽覃经过深入的调查研究，得知罗团霄在坑口搞了条封锁线，便假造了范石生的信，穿上了十六军的军装，施了一个以假乱真的巧计。

罗团霄陪毛泽覃走进一幢雕龙刻凤的华屋大院。不久，他交给毛泽覃一封给范石生的回信，回信完全赞成会剿的提议。

在一个豪华的客厅里，罗团霄摆了几桌酒席。大小头目聚坐一堂，山珍野味、老酒鲜糟，吃着，喝着，为一位尊贵的副官先生而频频举杯。在席上，"副官"与团总对面而坐，对团总说："保密乃胜利之前提。我担心的是，在我回去的路上，你的信又会被搜查泄露！"

团总听了，将筷子砸在桌上，起立讲话："诸位听着，覃副官乃友军使者，出进坑口，不得阻拦，如有违抗，军法从事！"

宴罢，毛泽覃牵上了马，向罗团总告辞了。

罗团霄送到院门，拱手施礼："一路顺风！"

毛泽覃跨上马，走到路卡，勒勒缰绳，枣红马朝东纵蹄奔驰。

谁知，一波刚平，一波又起。

当枣红马驰入山那边的冲里时，毛泽覃听得一声大喝："站住！"随即，见一队身穿黄军装，头戴青天白日帽的人，自山坡密林冲出，拦住了去路。

毛泽覃无奈勒住了马缰。

几个汉子扑向毛泽覃。一个高瘦的胡子兵打量他的番号，会心一笑，向伙伴们伸出大拇指，叫声："绑!"毛泽覃被五花大绑起来。

但那些戴青天白日帽的凑在一起，咬耳低语了一阵子。接着便由一个精壮的年轻士兵押着他。奇怪的不是向西，而仍然是向东！不是走大路，而是翻山越岭！

毛泽覃心性聪敏，想了片刻，返脸惊问道："你们莫非是……"精壮的年轻士兵用枪口瞄着他的鼻子，严肃地说："老实点，乖乖跟我上井冈山，向毛委员招供招供。要是叫喊，当心脑袋!"毛泽覃全明白了，笑道："你猜，我是什么人?"年轻士兵凝视着他那和毛委员有点相像的长相，惊疑道："哦，直说吧，你究竟是什么人?"

毛泽覃笑问："那你得先告诉我，你们是不是白皮红心……"

年轻士兵傻乎乎笑起来。他打了个口哨，刚才拦路的伙伴飞步追上。年轻士兵跟他们又打起耳语，然后认真而友好地盘问这位过路人的身份。拦路的战士搞清了，这人乃是毛主席的胞弟，急于奔上井冈的革命同志。毛泽覃也搞清了，拦路绑他的乃是打着袁文才部队的老旗号，负责我军交通联络的一支工农革命军。

一场误会消除了。重任在身的毛泽覃由同志们护送上了井冈山，并向毛泽东介绍了南昌起义军余部的详细情况及朱德、陈毅派他来井冈山联系的具体意向。毛泽东同意毛泽覃留在井冈山工作，决定派专人与朱德、陈毅的部队联系，以便两支起义军联合起来。

11月上旬，张子清、伍中豪带领的工农革命军第一团第三营走下井冈山，在江西崇义上堡，与南昌起义军会合；12月，第二团党代表何长工从井冈山下山，同湖南省委、湘南特委联系，寻找南昌起义余部，在广东韶关的犁铺头找到朱德。朱德详细询问了井冈山的地形、群众基础、物产等情况后，十分满意。他带着羡慕和赞赏的神情说："我们跑来跑去，就是要找一个落脚的地方。"在朱德、陈毅的部队中，湖南人很多。大家都知道毛泽东是大革命时期农民运动的领袖，许多人都读过毛泽东写的《湖南农民运动考察报告》。到井冈山去找毛泽东，成了这支队伍每一个人心中的希望。

1928年1月，朱德和陈毅率部由广东北江进入湘南地区，在中共湘南特委和当地农军的配合下，发动了湘南起义，并先后占领了郴州、耒阳、永兴、资兴等县城。起义军扩大到八千多人，创造了一片大好形势。然而，湘南起义部队占据湘南，控制了贯通南北的重要通道湘粤大道，这对各派军阀构成极大威胁。3月，粤、桂、湘军阀混战刚刚结束，军阀之间取得了暂时的妥协，立刻勾结起来，以七个师的兵力，对起义军进行"协剿"。朱德、陈毅为了保存实力，避免在不利的条件下同敌人决战，果断决定起义军撤出湘南，向井冈山地区转移。

毛泽东得知湘南起义军正向湘赣边界转移的消息后，决定兵分两路去迎接朱德、陈毅部队上山。毛泽东还派毛泽覃带着一个特务连赶到郴州，同朱德、陈毅领导的部队取得联系。

3月29日，朱德率领部队完成了转移的准备，在耒阳鳌山庙整装待发。在毛泽覃带领的特务连接应下，朱德、王尔琢率领的起义军主力，经安仁、茶陵到达酃县的沔渡。正在郴州的陈毅，接到朱德向井冈山转移的通知后，立即率领湘南特委机关、各县县委机关和起义军部分主力，经鲤鱼江木根桥，到达资兴县城，同何长工、袁文才、王佐率领的工农革命军第二团会合。

4月6日，毛泽东率第一团由桂东向汝城进发，以牵制敌军，掩护湘南起义军转移，陈毅率领的部队与朱德率领的主力部队在酃县的沔渡汇合后，一起从沔渡经睦村到达井冈山下的宁冈砻市。

4月下旬，毛泽东率队返回砻市。两支部队胜利会师。这次历史性的会师，成为我党我军历史上光辉的一页。

井冈山岁月

(1928—1929)

→ 巧解难题

（23岁）

1928年新年刚过，毛泽东了解到，井冈山南大门——遂川县城只剩下肖家壁的地主武装靖卫团驻守，国民党正规军都撤回老窝过旧历年去了。他决定立即拿下遂川城，向南开辟新区。在毛泽东、张子清的率领下，工农革命军以迅雷不及掩耳之势，端掉了肖家壁的巢穴，占领了遂川城。毛泽覃也参加了这次战斗。跟着毛泽东打胜仗，他心里甭提多高兴了。

工农革命军风风火火地开进遂川城，却吃了个闭门羹。群众不了解这支队伍。坏人乘机造谣惑众："工农革命军来了，要用火印在每个老百姓身上，烙上'共产党'三个字。"遂川城里的老百姓跑的跑藏的藏，只剩下一些不能出门的老人。

为了消除群众的疑虑，戳穿敌人的反动宣传。工农革命军按照毛泽东提出的"打仗消灭敌人；打土豪筹款子；做群众工作，帮助群众建立革命政权"的三大任务，大力开展宣传工作。

一天，毛泽覃挑着两箩筐从土豪家没收的准备过年的糕饼，走街串巷，见了穷人就递上两个。这招儿还真灵。没多久，群众就陆续回来了。红军宣传队到处宣传，将土豪家的粮食、浮财分给群众。打那以后，只要革命军的红旗一出门，群众就挑着箩筐跟上来，去打土豪，分浮财，群众工作好做多了。看着聪明、肯干，又有魄力的毛泽覃日渐成熟起来，大哥毛泽东看在眼里，喜在心头。

工农革命军在遂川县藻林镇住下后，尽管做了许多工作，但局面一时还很难打开。毛泽东分析了原因，他认为，要在井冈山地区建立巩固的革命根据地，必须加强农村基层党的建设工作。他决定派人回井冈山，发动群众，在农村建立党的基层组织，并着手进行土地革命的试点工作。

乔林是宁冈县大陇区的一个乡，包括乔林村至黄洋界一条延绵十里的狭长走廊，虽然散落着十几个村庄，总人口却只有三百多人。搞好乔林乡的工作，犹如在井冈山根据地建立起一座坚固的西北大门。毛泽东决定派毛泽覃去乔林乡，完成这项重要工作。

→ 乔林第一

（23岁）

　　在一个天气晴朗的早晨，毛泽覃离开茅坪。临走时毛泽东叮嘱弟弟要在农村恢复和重建党的组织，领导群众打土豪、分田地，建立红色政权；要在斗争中培养先进的工农分子入党，加强对党员的无产阶级思想教育。毛泽覃牢记大哥的指示，满怀信心地踏上了通往乔林的山路。

　　在乔林，一个个寒冷的夜晚，毛泽覃用自己炽热的信仰点燃穷苦山民们心中的希望。这位23岁的年轻人和他的后来成为中国革命领袖的兄长一样，十分擅长做群众工作。他跟大家说：就在本乡井水背村有个姓廖的雇农。这个雇农一字不识，17岁给地主打长工，用泥团记出工的天数。每出工一天，就在自己的小箱子里放一个小泥团。到年终结算时，地主往他的箱子里倒了一盆水，泥团很快成了泥浆，结果打了一年长工，却没有得到一分钱。第二年，他到另一个地主家里做工，每出工一天，便在小箱子里放进一根小柴棍。到了年底，不料地主又在他的小箱子里放了一把火，所有的小柴棍都化为灰烬，又给地主白白干了一年。第三年再换一个地主家里做工，改用纸笔画圈的办法记工，做一天画一个圈。他接受过去的教训，白天黑夜，都把那张纸藏在身上，小心翼翼地保护着，可是，年终结算时，地主拿着算盘，七折八扣，到头来又是分文不剩。这个长工的父亲气愤不过，自缢而亡。不久，他的母亲也被活活气死了。

朴实的语言，生动的事例，点燃了穷苦山民胸中的怒火。毛泽覃的话音未落，会场上有个年轻人"噔"地站了起来。这个双唇颤抖的黑壮小伙，因激动半天说不出一句话，最后憋出一句："东家不是人！"他就是故事中受尽地主欺凌的长工，名叫廖石古。放水浸长工泥团的黑心肠地主就是他的东家陈云开，会场上爆发出一片怒吼声，大伙强烈要求打土豪、分田地。革命，就从这个罪大恶极的陈云开家开始。

几天后的早晨，一声锣响，农民协会集合起二百多人。他们手持柴刀、梭镖、大刀、棍棒、扁担、斧头，浩浩荡荡冲向陈家泉村，围住了陈云开的住宅。狡猾的陈云开不承认自己是土豪，说他也是吃粗茶淡饭的穷人。这时，长工廖石古，一声怒吼冲进屋内，从屋里提出一大串腊肉、火腿、山珍……仇恨的怒火被点燃了，村民纷纷挤上前去，一桩桩、一件件数落陈云开的罪恶史、剥削账，算得陈云开汗流浃背、目瞪口呆。在震动山谷的咆哮声中，愤怒的群众冲进陈家大院，将他的金银财宝、粮食、耕牛、农具一概没收，分给贫苦农民。

毛泽覃带着两名武装干部在乔林乡，深入到贫苦农民之中，一个村一个村地搞调查研究、开座谈会、讲党课、宣传革命道理。毛泽覃讲党课，既浅显又生动，句句说到大家的心坎里。他讲的小长工给地主放鸭子的故事，直到全国解放后，乔林乡的老农会会员还记忆犹新。

故事说的是：有一个 16 岁的小长工，给地主放了一群鸭子。一次，小长工不留神，鸭群里少了一只小鸭子。地主不由分说，给他记上丢了一只大鸭子。小长工气不过，与地主理论。地主却恶狠狠地说："难道你还吃亏吗？过不了几天，小鸭子就能长成大鸭子，还能下蛋呢！"就这样，地主一件一件地记着黑账。等到年底结账时，小长工不但没有拿到工钱，反倒欠着地主的。他伤心地哭了。地主却满脸堆笑地说："倒欠我的，没关系，如果你不愿意走，明天早上再到这里来就是了。"

讲到这儿，毛泽覃问大家："你们听了地主的话，火不火？"

"火！"台下一片怒吼声。

毛泽覃用力挥了一下拳头说："好！有火就恨，胆子就大，志气就高，就有本事杀土豪劣绅！"

他在一首诗中写道：

造福人不享福：

雇农自己没有谷，

砌匠自己没有屋，

木匠自己没凳坐，

裁缝自己打赤膊。

生动地描述了农民的境况。

毛泽覃经常鼓励农民兄弟："地主说，穷人是一块'死铁'。我说，共产党就像一座通红的火炉，穷人到共产党里面来，就能炼成钢，造成好刀、好枪，打起敌人来飞快！"

毛泽覃把整个乔林乡的农民组织起来，打土豪分田地，并在斗争中考察和培养积极分子，吸收先进的、有觉悟的、勇敢的贫苦农民入党。

经过斗争实践的考验，毛泽覃着手发展新党员，建立党支部。在建党过程中，他坚决按照前委的指示去办，吸收工农当中的先进分子入党，绝对不允许阶级异己分子和烟痞、赌棍混到党的组织中来。

1928年2月初的一个晚上，在一户人家的楼上，毛泽覃主持了刘育柱、甘干生、廖石古等十多名新党员的入党宣誓仪式。摇曳的油灯下，

13 名平日脸朝黄土背朝天的作田佬，向着鲜红的党旗举起了右手，湘赣边界第一个农村党支部正式成立了。

9 月，毛泽覃又遵照湘赣边界特委指示，在乔林进行洗党，把投机反水分子清洗出去。经过洗党，乔林乡党支部更加纯洁，更加坚强，在黄洋界保卫战中，党支部带领广大群众，用梭镖、地铳，配合红军英勇作战，胜利保卫了井冈山革命根据地，在庆祝黄洋界保卫战胜利的大会上，毛泽东表扬了乔林乡党支部并奖给了两面红旗给予鼓励。

在那个年代里，乔林乡和井冈山的儿女们配合红军粉碎了一次又一次的国民党反动派的军事"围剿"，保卫着红色革命政权。但是随着第五次反"围剿"的失败，红军被迫实行战略转移，突破敌人的重重包围，踏上举世闻名的两万五千里长征。1934 年秋，红军就要离开井冈山了，乔林乡和井冈山的革命儿女们，有的义无反顾地参加了红军，没有参军的留在根据地，继续坚持与敌人斗争。在那白色恐怖、血雨腥风的日子里，乔林乡和井冈山的共产党员和革命儿女们像井冈山的毛竹青了又黄，黄了又青，不怕火烧，不怕刀砍，不向敌人低头弯腰。他们坚信，星星之火一定燎原，革命的红旗，一定会再次插上井冈山……

→ 攻打新城

★★★★★

（23岁）

1928 年 2 月 18 日黎明前，浓黑的夜色
笼罩着江西宁冈新城。紧闭城门的县城里，
由宁冈伪县长张开阳和伪警卫营长王秉卿率
领的白军，此刻正在酣睡。城墙四周，却被
工农革命军和赤卫队包围了。

新城之战，一触即发！这是毛泽东指挥
的保卫和发展井冈山根据地的一次重要战
役。战前，毛泽东得到可靠情报：江西军阀
朱培德，趁我工农革命军主力正在遂川，井
冈山兵力薄弱之时，派一个警卫营，配合宁
冈县靖卫团，集结于宁冈新城，准备进犯井
冈山，毁我革命摇篮。毛泽东为了先发制人，
命令正规军和赤卫队，以迅雷不及掩耳之势，
先是集中于宁冈的茅坪，接着又连夜行军进

063

井冈山岁月

逼新城，黎明前就形成了围城之势。在茅坪时，毛泽东在八角亭召开军事会议，对这次战役作了英明部署。到了新城，毛泽东又坐镇新城对面的棋山，鸟瞰战局，指挥战斗。

南门外，有一块操坪。操坪边，有一堵断墙。毛泽覃卧伏在断墙下。他身着灰布军服，戴着五星八角帽，紧握的手枪对准铁皮城门。他现在是红四军三十一团一营党代表，挨着他卧伏的是由他率领的一营正规军和遂川县几百名赤卫队员，这是攻城的一个方面军。

夜色渐淡，晨光熹微。南门"嘎"地打开。几百名扛枪的白狗子，拉成歪歪扭扭的队伍，爬出城门，到操坪来上操，一边呼喊反动口号。

毛泽覃看着他们，两眼直冒火。白狗子整成八列纵队，一个马脸小头目指挥他们做"俯卧撑"。狗子们把枪背在背上，四肢趴在地上。

就在这时，毛泽东从附近棋山发来进攻的命令。毛泽覃以最烈的仇恨，最响的嗓音喊了一声："打！"千百发子弹一齐射向白狗子。

突然的袭击使白狗子慌了手脚。他们还来不及还手，便有几十个人被击毙，其余的吓得屁滚尿流，抱头鼠窜，进了城，"嘎"地一声，将南门关了。张开阳、王秉卿的神经给触动了，已经打开的东、西、北门也关了。赤卫队员高兴地从死者身上摘下三十多条枪支和好些弹药。

毛泽覃抬头望着由一块块大青石砌成的城墙，望着紧闭的铁皮城门，两只眼睛透着忧虑。这石墙铁门，大刀劈不了，枪弹打不穿，如何消灭城里的白狗子？正当迷雾笼罩在毛泽覃心头时，毛泽东又从棋山发来指示：越城而攻，不可迟疑。

　　毛泽覃双眸顿亮，昂头扫视，目光触及近处一座高楼，他会心地笑了。他指着那高过城头的阁楼，命令道："爬到楼顶，准备开火！"阁楼成了攻城的制高点。毛泽覃和几个战士蹲在屋脊

▽ 江西宁冈新城

上，俯着身子，将机枪对准城内。几把长梯连在一起，搭在城墙上，一个个待命越墙的赤卫队员趴在梯子上。

毛泽覃一声号令："打！"机枪猛烈地向城内扫射。在机枪火力的掩护下，赤卫队员沿梯而上，越墙入城。一片喊杀声直冲云霄。南门打开了。毛泽覃下了阁楼，带领几百名战士一下子冲进城去。

2月21日，风和日丽，晴空万里。

宁冈砻市召开几万人的大会，庆祝新城大捷，毛泽东发表重要讲话，宣布成立宁冈县工农兵政府。

➔ 粉碎"围剿"

★★★★★

（23 岁）

1928 年 5 月，毛泽覃任中国工农红军第四军三十一团三营党代表。

6月，驻江西省国民党军第三军第九师和第三十一军第二十七师共五个团，由第九师师长杨池生担任总指挥，对井冈山革命根据地发动第四次"进剿"。红四军得悉这一情况后，主动由永新退回根据地中心区域宁冈，进行反"进剿"准备，同时组织地方武装袭扰进犯永新的国民党军。6月中旬，杨池生率部由吉安进占永新。22日，以两个团留守永新及其附近地区，以三个团分两路进至龙源口和白口，企图分经新、老七溪岭合击宁冈，消灭红四军。据此，以毛泽东为书记的中共湘赣边特委和红四军军委决定，由军长朱德、军委书记陈毅率红四军主力在新、老七溪岭阻击国民党军，然后相机转入反攻，全歼国民党军一部，以打破其"进剿"。23日上午，红四军第二十九团和第三十一团第一营在新七溪岭击退国民党军左路一个团的多次进攻，守住了阵地；红四军第二十八团向进占老七溪岭制高点的国民党军右路两个团发起多次攻击，战至下午，攻占了老七溪岭制高点，随即乘胜追至白口歼其一部，并直插龙源口，切断国民党军左路的退路。此时，红二十九团等部将左路国民党军一个团击溃，并跟踪追至龙源口，在红二十八团和地方武装的协同下，将其全歼。这次战斗，红四军歼国民党军一个团，击溃两个团，打破了国民党军对井冈山革命根据地的第四次"进剿"。

龙源口战斗后，红四军乘胜向永新城进击。永新之敌畏歼，撤回吉安，红军第三次占领永新城。

◁ 毛泽东与朱德

　　这次反"进剿"，红四军在赤卫队、暴动队的有力配合下，成功地运用了毛泽东等总结的敌进我退，敌驻我扰，敌疲我打，敌退我追的"十六字诀"，取得歼敌一个团，击溃敌两个团，缴枪七百余支，打破了国民党军对井冈山根据地的第四次"进剿"的重大胜利，根据地人民赞扬说："不费红军三分力，打败江西两只羊（杨）。"

　　此次战斗后，红四军第二十八团进至安福边境，第二十九团进至莲花，第三十一团进至吉安境内，分头发动群众，协助地方党和政府进行建党、建政和建设地方武装等工作。至此，井冈山革命根据地进入全盛时期。

为苏维埃而战

(1929—1935)

⊖ 英勇负伤

★★★★★

1929 年 1 月 4 日。宁冈的柏露，一个神秘的会议在这里召开。

说它神秘，是因为它是一个关于中国命运的战略转移会议，这就是柏露会议。会议决定，留下红五军和袁文才、王佐领导的三十二团坚守井冈山，毛泽东随红四军下山出击赣南。最初的目的是为了"围魏救赵"，以解井冈山之围。

井冈山是毛泽东、朱德等同志领导红军创建的中国第一个农村革命根据地。毛泽东自 1927 年 10 月底率领工农革命军上井冈山以来，在一年零两个月的时间里，和广大军民一起苦心经营，不仅将五百里井冈建成为一个巩固的后方根据地，而且总结出了将党的工作重点由城市转向农村实行武装割据的经验和理论。毛泽东对井冈山根据地非常重视和喜爱。他曾生动地说过："井冈山是个好地方，比南京好得多。它周围五百里，附近有十个城镇，有山有水，腾云驾雾。蒋介石的南京就没有我们井冈山大。蒋介石'占市为王'，我们就'占山为王'。"

同时他还说过："不到万不得已之时，我们是不往赣南去的，因为赣南地处赣江上游，离大城市远，到赣南去在政治上是没有出路的。"他所说的"没有出路"，指的是不能对南昌、长沙等大城市造成威胁。

山势险峻、森林茂密的五百里井冈，作为军事根据地确实理想，然而其中心茨坪和大小五井，"人口不满两千，产谷不满万担"，难以长期承受大量红军的经济给养。1929 年元旦一过，就进入了"小寒大寒，拧水成团"的隆冬。这时，井冈山已冰封雪冻，可山上的红军将士，许多人缺衣少被。经费紧缺，粮食也快吃光了。更为严重的是，此时湖南和江西两省国民党军队已集结十八个团的兵力，将井冈山包围起来，即将发动新的进攻。

面对严重的敌情，在研究应敌策略的宁冈柏露会议上，毛泽东力排众议，主张留下部分兵力守卫井冈山，红四军主力突围下山出击赣南，调动敌人，以解井冈山之围，并筹措经济给养，然后再乘隙回到井冈山来当"山大王"。于是，红军众将领当即计议：彭德怀、滕代远和何长工等人率领红五军和红四军三十二团守山;毛泽东、朱德、陈毅等人率领红四军主力出击赣南。

1月23日,红四军出击赣南,首战大捷,攻下大余县。整个大余县正处在载歌载舞、欢乐庆贺之中,突然,城外响起了枪声。原来敌军李文彬部侦察到红军主力二十八团、三十一团攻占了大余,且立足未稳,便直扑大余而来,包围了大余县城。

出其不意的胜利也带来了红四军自己的"不意"。

红四军占领大余后,当晚,前委确定二十八团配置在城东北一带山地担任新城、赣州方向的警戒。当激烈的枪声传到军部时,敌人已经完成了对大余的包围,统一指挥布置方案已经来不及了,只能各自为战。

这时由于敌人火力强大,二十八团已无力抵抗,队伍顿时大乱。此间毛泽东暴露在敌人的面前。在这关键时刻,陈毅急调三十一团第一营上来阻击敌人,才使局面得以扭转。

在这危急的时刻,毛泽覃和他率领的一营官兵及时上前,并没有畏惧,提出的口号是:"人在阵地在,保卫毛委员安全!"他们人自为战,排自为战,连自为战,奋力抗击来敌;后面的红军独立营和特务营的官兵们也是好样的,面对强敌,仍然以一胜十,英勇杀敌。独立营的营长张威同志,为了掩护军部转移,最后弹尽粮绝,英勇牺牲。

此时的毛泽覃,临危受命,二十八团退下来,他们顶上去,表现了大无畏的革命英雄主义。战斗打得异常激烈。在敌人如潮水般地冲上来之时,他们跳出战壕,与敌人展开了肉搏战,把敌人消灭在阵地前沿。这样一连打退了敌军的三次冲锋。他们认为多坚持一分钟，就给毛委员一分安全。因此，人在阵地在，誓与阵地同存亡，已成了官兵们献身的誓言。

战斗整整持续了半个多小时。毛泽覃估计毛泽东和后面的部队撤退得差不多了，把手一挥"撤——"

等敌人冲上来时，他们已上了馒头山。上了山以后，天就暗了下来。他们在山上清理了人数，一个营损失了一大半。忽又有人报告，敌人又追上来了！

伫立山顶，放眼四望，整个馒头山和附近地区被敌军团团包围着。敌人的喊话声时隐时现地传来："你们已被我大军包围，赶快缴枪投降吧！""不投降就叫你们灭亡！"

喊话间，山下枪声大作，党代表毛泽覃紧急对大家作了简要动员：

"现在情况十万火急，我们七十多人已经被敌人发现，现在的任务是立即突围，撤离此地，向山下跑，到大安子庄会合。大家立即执行！"

"不好！右方有敌人！"侦察参谋话音未落，从一连、二连撤离的方向传来了枪声。那枪声一会儿急一会儿缓。看来部队已经与敌人接上了火。

枪声持续 10 分钟，一连传来消息：代连长赵志平已经光荣牺牲。这时，队伍已被打散，情况十万火急。

这时，毛泽覃主动站出来说："一切听从我的命令，避开敌人火力。一连在前掩护，二、三连绕河突围，其余随后跟上。"

"打！"随着一排长韩庆皂的口令，枪声响彻云霄。二连、三连向河边匍匐前进。在接近河边的时候，敌人的机枪响了起来，似乎发现了他们的行踪。毛泽覃安排前边的队员，随着敌人机枪停射的间隙，鱼跃过河。

有不少同志牺牲在敌人的枪林弹雨中。过了河，毛泽覃清点了一下队伍，七十多人的队伍此时剩下不足四十人。

队伍沿河沟前行，又踩上了地雷，又有几位同志壮烈牺牲。在接近大安子庄时，毛泽覃身边只剩下七个人。他们正要跳过土墙进村，刚好与张营长和卫生员小刘等不期而遇。

张营长告诉大家："此村已被敌人封死，我们已经从前面的死胡同里面退了出来，不要再去了。"

"那怎么办？"毛泽覃问。

他用手一指："那边没有枪声，我们往那边走！"

毛泽覃正要走时，"啪——"一颗暗弹飞来，正好射中毛泽覃的左大腿部。

卫生员小刘急忙跑过来，背起毛泽覃就跑，一直跑到他们认为安全的地方。

此时，夕阳西下，六七十人的队伍只剩下十多人，他们迎着太阳走去。

→ 相恋贺怡

★★★★★　　　　　　　（25岁）

1929 年 2 月的一天，江西东固革命根据地西村村头响起了一片锣鼓声，毛泽东、朱德率红四军从井冈山辗转来到了东固西村。红四军只在东固西村休整了几天，部队就要出发了。中共赣西特委书记曾山找到贺子珍的妹妹贺怡，交代了一项特殊任务：照顾不能随军行动、需要在东固养伤的毛泽覃。曾山特地说明：这是你姐夫向我交代的重要任务，你们家就住在东固，护理他是最合适的。毛泽覃留下来后，任中共赣西特委委员、东固区委书记，一面养伤，一面工作。

贺怡从没见过毛泽覃。听姐姐说，毛泽

覃是毛泽东的小弟、红军的一位年轻干部。大庚战斗中，毛泽覃腿部受了伤，不能随队行动。毛泽覃被安排在红军烈属王大娘家，贺怡来到王大娘家时，毛泽覃正斜靠床头闭目休息。长方脸的毛泽覃，粗发浓眉，眉宇间透着一股勃勃英气。不满18岁的少女贺怡还是头一回这样注视一个青年男子，自己也感觉不好意思，脸上略闪微微羞色，无意中绊着一把竹凳。响声中，毛泽覃微微睁开了双眼。

毛泽覃凝视着面前的这位姑娘。贺怡这时大方地自我介绍说："我叫贺怡，是贺子珍的妹妹。""哦，你就是贺怡，我说觉得有些面熟呢。"毛泽覃上下打量一下贺怡，见她脸庞红润，眼珠黑泽明亮，全身充满一股青春气息。

为了治好毛泽覃的腿伤，贺怡找来一位郎中。郎中告诉她，好长时间没药了，上山才可以采到治伤的药。为了找寻这种草药，贺怡不畏艰辛，从东山找到西山，终于在一座山崖上找到了药。山崖上有蛇，贺怡赶跑了大蛇，才将草药采到手。回来后，她向毛泽覃叙说与蛇搏斗的经过，毛泽覃佩服贺怡的胆量，也感激她为自己的付出。经过贺怡的悉心护理，毛泽覃的伤势渐渐好转，能扶着墙壁走动了。看着能够勉强活动的毛泽覃，贺怡非常高兴，就搀着他到屋外活动。

在东固养伤的那段日子里，无论在村头村尾、河边溪旁，都留下了贺怡搀扶毛泽覃的身影。两人在一起时，谈儿时的趣事、家乡的山水；还谈各自生活的经历，憧憬革命的未来。在

◁ 贺子珍和贺怡

与贺怡的交谈中，毛泽覃了解了贺怡很小就投身革命，并携父母深夜逃出敌人魔掌，投奔革命根据地的曲折经历，心里对她不由得肃然起敬。

毛泽覃也向贺怡谈了参加革命的曲折经历，还谈到曾经有过的两次婚姻。当讲到曾与自己结成伴侣的赵先桂、周文楠因斗争需要以及由于环境恶劣，现天各一方，音讯隔绝，婚姻已名存实亡时，毛泽覃充满了思念之情。贺怡由此感受到，毛泽覃是一个很重感情的人。

听到毛泽覃的情感述说，贺怡不由想起自己的婚事，忧郁的神情在脸上掠过。细心的毛泽覃仿佛感觉到什么，轻声地问："怎么啦? 贺怡。"

贺怡这才回过神来，不好意思地对着毛泽覃笑了笑说:"没什么。"

在贺怡精心护理下，毛泽覃腿伤好得很快。两人通过这段时间的相处，彼此都有了了解：贺怡那炽热、活泼、开朗、充满青春气息的性格，给毛泽覃留下了美好深刻的印象；而毛泽覃那诚实、稳重的性格，也留在贺怡的记忆中。

腿伤痊愈的毛泽覃要归队了。那几天，贺怡的话语比平时少了许多，好像有什么心事似的，毛泽覃关切地询问，贺怡黯然笑着说："今后你会知道的。"

毛泽覃伤愈归队后，1930年1月，任红六军政治部主任。

贺怡心绪很乱，脑海里浮现出在护理毛泽覃前的一件事：赣西特委书记唐在刚上门提亲，父母亲一口答应了这门亲事……

1928年8月，贺怡经组织调动，到赣西特委工作。而在特委工作期间，一个男人闯入了她的生活，这个男人就是赣西特委秘书长刘士奇。

贺怡当时17岁，性格外向，活泼开朗，颇得刘士奇赞赏。平时，刘士奇就像大哥一样关心和帮助贺怡，对贺怡的父母态度和气、谦逊有礼，深得贺怡父母的好感。贺怡的父亲贺焕文也把自己的身世和经历，向刘士奇倾吐。

刘士奇身任特委秘书长，工作上正缺一个文书，见贺焕文文字功底不错，便在特委会议上推荐贺焕文担任特委文书工作。

从此，贺焕文就在特委机关担任文书工作，刻钢板、印材料、誊抄文稿，贺怡母亲也在机关帮助做些杂事。

作为特委秘书长的刘士奇常常到贺怡家嘘寒问暖，帮助贺焕文夫妇解决一些生活上的困难，贺焕文夫妇对刘士奇感谢不已。贺怡也从内心感谢和敬重这位兄长似的领导。

有一天，刘士奇动情地向贺怡表白了自己的爱慕之情。贺怡听后吃了一惊，对刘士奇说，她一向是把他当做兄长和领导看待、敬重，从未把他作为自己心目中的理想恋人，更未想过彼此结成亲密伴侣。

贺怡陷入了烦恼之中，母亲温吐秀见女儿心绪不宁、愁眉不展的模样，便问女儿怎么回事，贺怡便把刘士奇求爱的事告诉了父母。而父母听后，没表示反对。母亲还说："刘秘书长为人诚恳，处事稳重，只是年纪大些，但也不是很大，我看还可以。再说，你岁数也不小了，早点找一个靠得住的人，我们也放心啊。"

在接受护理毛泽覃的任务前不久，时任赣西特委书记的唐在刚，亲自为刘士奇提亲。贺怡本是个极孝顺的女儿，见事已如此，心里虽不十分情愿，也不便说什么，只好默认了。

就在 1929 年 4 月，即贺怡护理毛泽覃回到特委后不久，她便和刘士奇结婚了。

贺怡和刘士奇婚后的生活并不愉快。两人之间，客客气气，不冷不热，缺少夫妻之间那种心心相印、亲密无间的真实感情。

贺怡没有因婚姻不如意而消沉，她尽量控制感情上的失意，拼命地工作，在工作中她感到充实和愉快。

1930年8月中旬，中共赣西特委召开第二次全体会议，由于会议贯彻执行李立三"左"倾冒险主义错误，已担任特委书记的刘士奇被指责为"思想右倾，观念保守，反对中央会师武汉"，受到批判和错误处理，被撤销了特委书记职务，调离赣西南。由于刘士奇的"错误"，贺怡也被停止了工作。父亲贺焕文被解除了特委机关文书职务，安排在一所小学教书。刘士奇被迫离开赣西南，以后再也没回过江西，他和贺怡的婚姻自行解除。刘士奇后来在一次战斗中牺牲。

赣西特委在全面检查贺怡担任特委妇女部长的工作表现后，对贺怡的工作给予了充分肯定，认为她的工作是很有成绩的，赣西特委恢复了贺怡的职务。

1931年6月，贺怡担任了江西永（丰）吉（安）泰（和）特委委员兼保卫局长，不久又负责妇女部工作。这时，毛泽覃也调任永吉泰特委书记，和贺怡工作上又有了接触。

贺怡自两年前护理毛泽覃以后，尽管两人也常见面，但毕竟不常在一起。尤其和刘士奇结婚后，与毛泽覃见面就更少了。有时两人见了面，也只是一般的寒暄而已。但在贺怡的心中，毛泽覃的身影总是抹不掉，与毛泽覃相处那段日子的情景，常在她脑海深处浮现。

现在，他们又在一起工作了，贺怡有一种说不出的愉悦。他俩在工作上共同商量研究，生活上互相体贴关心，彼此之间的了解自然增多。随着时间的推移，两颗早已相互爱慕的心，终于碰撞出爱情的火花。

7月初的一个夜晚，天下着小雨，野外漆黑一片。已担任特委妇女部长的贺怡，去沙溪村开妇女大会还未回来。毛泽覃望着漆黑的窗外，心里老是放不下。近来敌人经常派人潜入苏区，杀害红军干部，一个年轻女子黑夜走七八里山路，很不安全。毛泽覃想到这里，立即挎好短枪，打着火把去沙溪村接贺怡。

当毛泽覃来到沙溪村时，只见村里祠堂灯火通明，悦耳的山歌声从祠堂里传出。原来，贺怡开完会后，又教山村里的妹子们唱起自己编的山歌。

毛泽覃的体贴关心，深深打动了贺怡的心。回来的路上，两人边走边谈。毛泽覃开玩笑地夸着贺怡："想不到你还是个唱山歌的好手哩。"贺怡轻轻一笑，夜色遮掩了贺怡脸上兴奋的羞色，一种温馨的感觉遍布全身。

这段时间，毛泽覃既担任永吉泰特委书记，又兼红军独立五师政委，既要领导苏区建设，又要指挥红军打仗，整天又忙又累。看到一个年轻的姑娘爱上了自己，毛泽覃有些措手不及，贺怡像周文楠一样的任性执著，甚至于比周文楠更直率、更难以拒绝。与赵先桂分别五年半，与周文楠分别也接近四年，没有得到她们的任何消息，赵先桂在苏联的学习结束没有？回国没有？回来后又去了哪里？周文楠母子是死是活？他们的孩子怎么样了？一切都去如黄鹤，没人提及的时候，他很少想到也顾不得去想。贺怡提到了她们，而且又提出了一个与她们息息相关的难题，他不得不认真地考虑了。

天各一方音讯渺茫，他见不到她们，她们也见不到他。共同相处的日子里，她们都是那样地体贴入微，那样地竭尽所能，那样设身处地地为他着想。他呢？已经有过两次刻骨铭心的情感经历，在两个女人的心里留下了永远难以平复的划痕。既然自己没有资格承受别人的关爱，为什么还要越过同志的界线再走一步呢？可贺怡在生活上对毛泽覃细心照顾，体贴入微。随着时间的推移，两颗爱慕的心贴得越来越近。

1931 年 7 月 20 日，经组织批准，毛泽覃和贺怡结为夫妇。

→ 开辟红区

（26 岁）

1930 年 1 月，毛泽覃任红六军（后改称为红三军）政治部主任，曾代理军政治委员，军长是黄公略。

1930 年 2 月初，朱德、毛泽东率领红四军由闽西来到赣西南。6 日至 9 日，毛泽东主持召开红四军前委、赣西特委和红五、红六军军委联席会议（史称二七会议）。会议通过了《土地法》，决定通过开展分田运动掀起土地革命的狂澜，以此巩固和扩大苏区。为实行统一领导，会议决定组成红四、五、六军和赣西、赣南、闽西、东江地区的总前委，以毛泽东为书记，朱德、曾三等为常委，彭德怀、黄公略为候补常委。

毛泽东的雄才大略和独特见解令黄公略

钦佩不已。在会上,毛泽东提出了著名的"傍着发展的工作路线"。他解释说,所谓"傍着发展",就是红军部队依靠原来根据地波浪式向外发展。黄公略从历次斗争中虽然认识到红军与根据地的密切关系,在实践中也做到了在巩固的基础上逐步向外扩张,但从来没有提升到工作路线和战略策略的高度去考虑,经毛泽东一点拨,思想豁然开朗。会议结束后,朱、毛率红四军再度进入闽西,黄公略、毛泽覃则按照总前委"以三个月为期分路进行游击战争"的决定,以东固山为依托,傍着原来根据地,不断开辟新的红色区域,有力捍卫了以赣南、闽西为中心的中央苏区。

仅仅三个月,黄公略、毛泽覃就以其一流的业绩得到毛泽东的赞许。毛泽东在《蝶恋花·从汀州向长沙》的词中写道:

六月天兵征腐恶,万丈长缨要把鲲鹏缚。赣水那边红一角,偏师借重黄公略。

同年10月红军攻下吉安后,毛泽覃任中共吉安县委书记、红军驻吉安办事处主任,曾以特派员身份协助红二十二军军长陈毅率部回师遂川,恢复了这一带的红色区域。

1931年6月,在红一方面军帮助下,赣南苏区地方武装组成第四、第五两个独立师。龙普霖任第四独立师师长兼政委;萧克任第五独立师师长,毛泽覃任政委。

9月7日,红一方面军和独立第五师在江西省泰和县老营盘地区全歼国民党军第九师独立旅。同时,红三军团和红四军、

▷ 黄公略

红三十五军于 1930 年 11 月由赣南地方武装组成，罗贵波任军长，下辖五、六、七团。在兴国县高兴圩地区歼敌第六十师、第六十一师一部。两仗共毙伤、俘敌四千余人，缴获各种枪支两千余，迫击炮十门，子弹六十余万发。这时，毛泽东发现对手是第十九路军，知道这个部队能打仗，红军遇到的又是他的主力部分，于是决定转打韩德勤第五十二师。红军在方石岭地区全歼敌五十二师、敌第九师炮兵团和一个骑兵营，俘敌五千余人，缴获各种枪支四千五百余，子弹一百二十余万发。

在老营盘战斗的第二天，国民党的飞机来袭

击，红三军军长黄公略从屋子里出来指挥部队转移，他刚一出门，即被敌机击中而牺牲。黄公略临终前，叮嘱在他身边的毛泽覃，要他在前委和红军总部未任命新的军长前，代为指挥全军的工作。中华苏维埃政府建立后，为纪念黄公略，决定将吉安县（包括永丰、泰和等县的红色区域）改为公略县，由毛泽覃任公略县委书记。在萧克调去湘鄂赣根据地工作以后，又由毛泽覃兼任独立师师长。中央红军历经一个多月的作战，六战六捷，共歼敌十七个团三万余人。胜利地粉碎了蒋介石的第三次"围剿"。尔后，红军中央根据地中心移居瑞金，并在石城、宁化、长汀、连城、寻乌、安远、会昌、于都等县开展群众工作，巩固发展根据地，红军进行休整、扩军。至1932年1月红军攻占了会昌、寻乌、安远、石城等县城，拔除了几百处地主武装盘踞的土围子，使赣南、闽西两苏区连成一片。根据地范围扩展到近30个县境，总面积达5万平方公里，拥有21座县城，250万人口，在24个县建立了苏维埃政权。

→ 横遭批判

（27 岁）

1932 年初，毛泽覃在瑞金苏区担任中央局秘书长。

1932 年 1 月 9 日，中共临时中央正式做出充满"左"倾错误的《关于争取革命在一省与数省首先胜利的决议》，正式提出一条所谓的"积极进攻路线"。按照这条"进攻路线"的要求，红军应集中主力打赣州、吉安、抚州、南昌等重要城市，要以赣江流域为中心"向北发展"，以便将长江南北的苏区连成一片，夺取全国胜利。

毛泽东认为，就当时的条件而言，这是不现实的。他反对集中红军主力攻打坚固设防的赣州城，也反对红军冒险攻打吉安、南昌等中心城市，而是主张红军主力在扫除苏区内部的白色据点之后，应向赣东北和闽西北方面发展。后来，在制定第四次反"围剿"作战方针时，毛泽东又极力主张红军应采用"积极防御"、"诱敌深入"的战略战术，集中兵力在运动中歼灭敌人。毛泽东的主张得到了周恩来、朱德、王稼祥等的支持和赞同，却遭到"左"倾临时中央和苏区中央局其他一些同志的反对。于是，便有了苏区中央局"宁都会议"的召开。这次会议在宁都县北部的小源村召开。苏区中央局的八位成员：周恩来、毛泽东、任弼时、项英、朱德、王稼祥、邓发、顾作霖都参加了会议。会议对毛泽东和他在红军中实行的战略战术进行了错误的批评和指责，认为毛泽东是对中央"进攻路线"的消极怠工，是"不尊重党的领导机构"，逼他交出军权。会后，毛泽东刚恢复不久的红一方面军总政委职务又被撤销了。当时毛泽东由于日夜操劳，加之忧国忧民，更担忧红军的前途，身体日见消瘦。于是便到长汀"福音医院"养病，并照顾在长汀生孩子的妻子贺子珍。

这天，毛泽东正在病房里看书，贺子珍领着一个大个子走进来说："润之，你看谁来了？"

毛泽东抬起头来："这不是大个子罗明吗？无事不登门，你怎么来了？"

"我是尽地主之谊，来看望你来了。"罗明答道，然后让警卫员把一篮子水果呈上去。

罗明是闽粤赣临时省委书记，1925年参加中国共产党后，长期在福建西部地区工作。1927年1月任中共闽南特委书记，1928年2月任中共福建临时省委书记。同年4月，与许士森、孟坚一起，作为福建省代表，前往莫斯科，出席党的第六次全国代表大会。1929年春回厦门，接任省委书记。1930年6月，中央推行李立三"左"倾路线时，下令各地红军攻打大城市，由于罗明坚持了实事求是的主张，被指责为"右倾保守"。1931年4月被派往闽粤赣特委任组织部长，后由于临时省委书记卢德光携巨款潜逃，前委决定让罗明接任省委书记。

"谢谢。"毛泽东拱起双手。这时贺子珍也把一杯茶水送到罗明手中。两人开始了推心置腹的长谈和探讨。

罗明问："敌人反复'围剿'的形势何时才能结束呢？"

毛泽东："据我看来，如果内战延长的话，那是在敌我强弱对比起了根本变化之时。如果红军一旦改变到比自己的敌人更为强大时，那么，这个反复就结束了。那时是我们围剿敌人，敌人则企图反围剿，但是政治和军事的条件将不允许敌人获得如同红军一样的反'围剿'的地位。"

△ 江苏瑞金革命遗址

罗明:"前三次我们之所以能粉碎敌人"围剿",主要是贯彻了战略退却和积极防御的战略战术。"

毛泽东:"是的。战略退却,是劣势军队在进攻面前,因为顾到不能迅速地击破其进攻,为了保存实力待机破敌,而采取的一个有计谋的战略步骤。可是,军事冒险主义者则坚决反对此种步骤,他们的主张是所谓'御敌于国门之外'。谁人不知,两个拳师对打,聪明的拳师往往退让一步,而蠢人则气势汹汹,劈头就使出全身本领,结果却往往被退让者打倒!"

罗明:"我看过《水浒传》,里面有个洪教头,在柴进家中要打林冲，连唤几个'来来来'，结果是退让的林冲看出洪教头的破绽，一脚踢翻了洪教头。可是我们现在以主力对主力，御敌于国门之外，反对打游击。这样势必要使自己处于被动！"

毛泽东："我们也不是想打游击，可是没有办法，谁叫我们不如人家呢？"

两人谈来谈去，越谈越投机。直到三星正南时，他们才结束三小时的谈话。

尔后，罗明在与毛泽东谈话后，即遵照毛泽东的意见，经省委研究同意，在龙岩、永定、上杭等县委的配合下成立"中共前敌委员会"，积极发动群众，开展游击战争，接连打击了敌人，有效地保卫了苏区，稳定了边区的形势。

博古和张闻天在"洋房子先生"王明的指令下，也不得不告别上海，匆匆上路。张闻天化装成富商先走，经汕头、大埔，1933年1月中旬，一路顺风到了瑞金。

博古和陈云同行。陈云当时也是临时中央政治局常委、全总党团书记。他们都化装成商人，由地下交通员护送，先乘轮船到汕头，再坐火车到潮州。当晚，他们朝上杭方向前进，两天后到达上杭县的白砂。

在这里开展游击战的罗明和军区政委谭震林得悉博古要来，早已在此等候。他们吩咐伙房杀了鸡，加了菜，还备了点米酒，招待远来的客人。

罗明准备向博古简单汇报一下全省的工作情况，刚要开口，博古抢先问话："你是省委代理书记，不领导全省工作，来这里干什么？"边问话，他边推推鼻梁上的近视眼镜，脸孔板得紧紧的。

坐在一旁的陈云，听博古这样问话，心想，不管怎么说，罗明也是个省委代理书记，再说人家年岁比你博古大，又是第一次见面，怎么上来就将军。

罗明回答："我是按照毛泽东同志指示，经过省委讨论，来这里重点开展游击战争的。"

博古一脸不快："毛泽东不是在养病嘛，怎么还给你们作指示？"

"你对中央的新指示有何意见？"博古又问。

"我们还没有听到传达呢。"罗明实话实说。

博古脸往下一沉："那么，你对苏区当前的斗争有何意见？"

对这个问题，罗明在医院里已和毛泽东讨论过。他回答说："苏区的革命战争要和白区的抗日斗争结合起来，应根据苏维埃中央政府和军委会提出的抗日、民主和停止进攻苏区三个条件，同各党派、各军队联合起来，共同抗日。"

博古本希望罗明谈谈"进攻路线"，不料得到的却是这种回答，越听越不耐烦，不待罗明说完，手一挥："不谈了，吃饭了！"

众人揣摩不出博古是什么意思，赶紧张罗着吃饭。

第二天，博古和陈云骑上马，继续朝瑞金进发，1月底抵达瑞金。陈云和刘少奇住到了沙洲坝枣子排村，博古和张闻天住进了下肖村的杨氏私宅里。

红都来了新主人。从此，这幢气势恢弘的杨氏私宅，成了这些新主人们发号施令的地方。他们先是撤了罗明的省委代理书记职务，接着一场反"罗明路线"的错误斗争，在福建苏区轰轰烈烈地开展起来。

说起这场斗争，也叫"杀鸡给猴看"。所谓的"猴"就是指毛泽东。事后有人将此事报告到毛泽东那里，毛泽东听了，哈哈一笑："罗明也受我的牵连了，我应该道歉才是。"

2月15日，博古以中共苏区中央局的名义，发出了《苏区中央局关于闽粤赣省委的决定》，指出"中央局检阅了福建省委的工作，认为省委是处在一种非常严重的状态中。在省委一小部分同志中，显然形成了以罗明同志为首的机会主义路线"，是"对革命悲观失望的、机会主义的、取消主义的逃跑路线"，这一路线的"腐朽的自由主义的态度必须受到最严厉的打击"。因此，决定在党内立即开展反对"罗明路线"的斗争，撤销罗明的代理书记及省委驻杭、永、岩全权代表职务，调到中央党校工作。此外，又在各种会议和党报上公开这一决定，并在长汀和瑞金组织批判斗争。

2月下旬，反"罗明路线"在苏区蔓延。3月下旬，会昌、寻邬、安远三县党的积极分子会议在会昌县的筠门岭召开，中央局代表张闻天公开点名批评了中心县委书记兼江西省委宣传部长邓小平。4月16日至22日，江西省又召开党的三个月工作总结会议，开始了全省的反"罗明路线"斗争，指责邓小平、毛泽覃、谢唯俊、古柏是"罗明路线在江西的创造者"。

批判福建的"罗明路线"因之于毛泽东，而"罗明路线在江西的创造者"邓、毛、谢、古四人，也与毛泽东有着这样那样的关系：

邓小平在八七会议后担任了中共中央秘书长，1929年以中共中央代表身份前往广西，组织发动了百色起义和龙州起义，创建了红七军和红八军，开辟了左、右江革命根据地。之后，又带领所部转战于桂黔湘鄂边界，逐步向中央根据地靠拢。1931年2月，占领江西崇义后赴上海向中央汇报工作，8月返回江西，担任了中共会昌、寻乌、安远三县中心县委书记兼江西省委宣传部长。

毛泽覃正在担任苏区中央局秘书长，与毛泽东的关系自不必说。

1933年初夏，一个闷热的夜晚。在沙洲坝一幢从地主手里没收的青砖瓦屋里，毛泽覃伏在案头，挑灯夜读。他面对毛主席的文章《井冈山的斗争》，在细读，在深思……

艰辛的战争生涯已在他的额头上刻下几道皱纹。深邃的眼神显示出一个二十八岁的青年干部在思想上的出奇的早熟。1929 年 1 月，他跟随毛委员，向赣南闽西进军，参加开辟中央根据地的斗争。岁月已经证明，他对人民赤胆忠心，临战局大智大勇。红四军东进，在大余遇到顽敌。毛泽覃奉命组织反击，他身先士卒，冲锋在前，腿部受伤，掩护了大军前进。告捷后又拒绝养伤，骑着毛委员的马，征战不停。他亲自指导东固区委工作，粉碎敌人多次"围剿"，不长时间，东固成为苏区第一个模范区……人民信任他，党把他一级一级提到领导岗位。从 1929 年以来，他先后担任东固区委书记、吉安县委书记、永吉泰中心县委书记、红军独立二十四师师长，眼下是苏区中央局的秘书长。斗争复杂，重任在身，他因此更勤于读书。

　　正当他凝神静读的时候，"嘎"的一声，房门被推开了。一个穿西装、戴眼镜，挺有学者风度的人跨门而入。这人姓李，乃王明之好友，曾留学莫斯科，据称能背诵不少马列文章，也是个"百分之百的布尔什维克"，此时在临时中央身居要职。朋友们常玩笑地称他"德瓦里西（俄文'同志')李"。

这位"德瓦里西"板着面孔，像一位大法官，一屁股坐下就来了个简单明了的宣判："毛泽覃，中央考察了你最近一段的言行，认为你与另外一些人堕入了反党派别小组织的泥坑。我代表临时中央通知你：从现在起，你停职反省！明天开党的积极分子会，要求你在会上作检讨！"

毛泽覃一听，怒火中烧。一个为了党的事业，出生入死，转战不息的同志，居然被诬陷为"反党"！这些"百分之百的布尔什维克"虽说凶狠已极，倒也荒唐可笑。毛泽覃便讥讽地说："这么看来，你是送帽子给我来了？"

德瓦里西李生气地说："请你注意，我们现在是严肃地谈问题，谁和你开玩笑？让我再说一遍，你明天得在会上作出像样的检讨！""像样的检讨……"毛泽覃沉思片刻，轻松地笑道："行啊。"那人起身，板着面孔，悻悻而去。

毛泽覃借着射出窗外的灯光，望着他的背影，痛苦地想道：好端端的革命成果，恐怕要败在这号人的手里了！

当此之时，革命形势是何等的好呀！在毛泽东同志的正确领导下，经过军民的几年奋战，开辟了中央苏区，其中拥有二十一个县，面积五万平方公里，人口二百五十万，赣江武夷，红成一片，敌人几次"围剿"，都以惨败告终。星星之火，确已燎原，全国红遍，指日可待！然而，1931年，王明打着批"立三路线"的旗号，篡夺了党中央的领导权。他们鼓吹"城市中心"论，鼓吹同优势敌人"拼消耗"、"对堡垒"，实行进攻的冒险主义。他们反对毛主席的革命路线，完全不顾成功的事实，将农村包围城市的正确主张和游击战争的正确方针污蔑为"游击主义"、"保守主义"。1932年，在宁都会议上，他们无理地撤了毛主席的领导职务。1933年初，临时中央从上海迁来瑞金，王明一伙对中央苏区直接挥舞指挥棒，把矛头指向一大批坚持毛主席革命路线的党政军负责同志。错误思潮，汹汹而来。可是，毛主席在苏区的影响太深了。王明一伙的倒行逆施，不得人心，为真理而斗争的战士是无所畏惧的。毛泽覃和几个同志在谈论中表示了对王明的不满，这就招来了反党帽子，他决心顶住这股逆流。

东方放白了，毛泽覃准备上阵。

一间屋子里，人们群集。

这是个突然袭击，事先没有宣布开会内容。主持大会的仍是那个穿西装、戴眼镜的德瓦里西李。当他宣布："今天要批判反党集团的毛泽覃，现在叫他先作检讨！"人群大哗，互相议论："都说毛泽覃是个蛮好的同志嘛，怎么反起党来了呢？"大家都为泽覃捏把汗。

毛泽覃大步登台。他扫视会场一眼，随即说起来："同志们，这些年来，我为党做的工作不多，执行毛主席指示不出色。"坐在一旁的德瓦里西李把手一挥，嚷道："讲这个干什么！讲路线问题！"

毛泽覃接过话头："对，讲路线问题。同志们，一个共产党员，隐瞒自己的观点是可耻的，我今天讲心里话。有人说，山沟里没有马列主义。我看，这些年，我们都是照毛泽东同志的主张干的。越干党越兴旺，越干红军越多，越干苏区越大。我说，我们苏区山沟里搞的完全是马列主义，倒是那些'洋房子先生'在城市里执行了'立三路线'哩！有人说，我们搞派别小组织。我说，我们历来主张革命团结，不晓得搞什么派，倒是那些'洋房子先生'，一来苏区，就到处挑岔子，打击这么多不同意见的人，他们才是派别的领袖哩！"

德瓦里西李气急败坏，蓦地跳起："你这是什么检讨，狡辩！"他转向大家："毛泽覃堕入机会主义泥坑而不能自拔，我们大家就使出布尔什维克火力来，叫他解除武装！"然而回答那"百分之百的布尔什维克"的，只是一阵出奇的沉默。

孤家寡人只好宣布暂时休会。

一群人围着毛泽覃，人们的眼神明显表示对这位反潮流战士的敬意，又都相对无言。然而这时，一个带胡子的红军干部在沉默中爆发了，他激动地握住毛泽覃的手，随即便有数不清的手向他伸来……

毛泽覃感到欣慰，热泪盈眶。

当然，王明一伙是一不做二不休的。他们精心训练了一批打手后，策划了所谓"江西党三个月工作总结会议"，残酷围攻有毛泽覃在内的四同志。四同志横眉冷对，据理力争。打手们便拿出吓人战术，操纵通过所谓江西省委的《决议》进行恐吓，勒令他们立刻解散"宗派和小组织"，"否则立刻开除出党"。会议末了，他们问毛泽覃对决议抱什么态度，毛泽覃气壮山河地答道："我根本不承认这个错误的决议！"主持人便懊丧地叹道："你们看，他们还没有在布尔什维克火力前解除武装！"于是，迫害加码了。

一天，德瓦里西李走进毛泽覃的住室，板起面孔说："现在我代表中央通知你：鉴于你的态度，决定撤销你的苏区中央局秘书长职务。"

毛泽覃冷笑道："你们可以无理撤销一个党的干部的职务，但你们永远撤销不了一个革命战士对党的忠诚！"此后，王明一伙在更大的范围内开展对党内一些同志的迫害。

一天，毛泽覃在村庄院子里散步，只见那个在批判会后第一个跟他握手的带胡子的红军干部从院子外走来，面色焦虑，腋下夹着几本杂志。

二人相对，激动难言。胡子同志把腋下几本杂志
递给毛泽覃，道："看看吧，你们的事都上书啦！"
毛泽覃接过，见是《斗争》杂志，那里边塞满了
攻击他们四人的文章。他寻找其中骂自己的话，
读着："……不尊重中央局的多次指示，坚持己
见……""……完全与党的路线相反……"他笑道：
"这些话总算说对了。我们确实没有尊重王明的
指示，没有执行王明的路线！"

　　胡子同志忧心忡忡地说："把柄都抓在他们
手里了。这么下去，如何应付！"毛泽覃强自压抑
后，镇静地说："现在是很困难。但要相信毛主
席的路线会战胜'洋房子先生'的路线。不管怎样，

▽ 参加井冈山斗争的同志1938年在延安合影

我们都要用高昂的情绪, 最大的努力, 工作、斗争, 工作、斗争……" 毛泽覃以一个普通工作人员的身份, 乐观地战斗在平凡的岗位上。

　　贺怡变成了 "反动分子" 的家属, 被撤销中共瑞金县委组织部长的职务, 也成了斗争对象。1933 年 10 月, 贺怡被送到党校学习改造。说是学习改造, 实则是监禁。此时贺怡已有三个月身孕, 她在这里白天遭批判, 夜间写检讨, 直到将要分娩时, 才让她离开党校, 但被开除党籍, 以观后效。贺怡分娩后还没满月, 再次遭到批斗, 毛泽东知道后对贺子珍说道 : "项庄舞剑, 意在沛公。谁让他们是毛泽东的亲戚呢!"

→ 下放劳动

★★★★★

1933 年 5 月上旬，江西省委召开工作会议，会上通过了《中共江西省委对邓小平、毛泽覃、谢唯俊、古柏四同志二次申明书的决议》。一名红军干部来到禁闭室，奉命向毛泽覃作了传达："毛泽覃同志，对你们的二次申明书，省委已经作出了《决议》。"

"听说了，宣布吧。"

"《决议》认为，临时中央迁入中央苏区以后，江西省党的工作是落在革命战争需要之后的，没有完成紧急动员扩大红军的任务，原因在于江西党内有一个'怪物'阻碍了工作的进行……"

毛泽覃打断了他的宣布："这个'怪物'的代表就是邓、毛、谢、古，对吧？"

"对。"

"他们是罗明路线在江西的创造者，同时也是反党的派别和小组织的领袖，对吧？"毛泽覃接着说。

"对，对，对，《决议》中是这么说的。毛泽覃同志，你能这么高度认识自己的错误，确实出乎我们的意料。"

"我认识自己的错误？我有什么错误？这是他们强加给我们的，我只不过是重复一遍罢了。"

"《决议》确实是这样结论的。"

"用不着重复他们的结论了，怎么处分我们的，快说就行了。"

"《决议》决定，全部或部分地撤销你们在红军、地方和党的机关中的重要职务，责成你们到基层改造，并进一步申明和揭发自己的错误。"

"'申明'当然要继续，'揭发自己'就用不着了。某些'洋房子先生'一到苏区就四处找岔子，他们空谈马列词句，脱离革命实际，大搞过火斗争，实行惩办主义。这是非常错误的，也是十分有害的。"

宣布的干部和善地笑了笑："我们也看不惯'左'倾主义那一套，没办法呀。"

毛泽覃站了起来："对危害革命的错误领导，应该抵制，应该斗争。"

干部小声地说："毛主席的斗争都不起作用，你还是现实一点吧。哎，顺便通知你一声，你很快就要下乡劳动了，思想上要有个准备。"

"从小就是在田边地头长大，劳动有什么可怕啊。"

回到山村的田地，犹如鱼儿回到水里，毛泽覃顿时有了海阔天高般的感觉。

乡村的六月，早稻刚刚收割，晚秋还要下种，正是抢收抢种的大忙季节。大批青壮年都参加了红军，留在家里的都是老弱病残和妇女儿童，收收种种的农活她们还能应付，使役犁田的活计就落到了老汉的肩上。并不是家家都有老汉，也不是个个老汉都能使役犁田，往往是一个老汉使役犁田，一群妇女带着孩子站在田埂上观看。他们都想适时犁田下种，都因不会使役干着急没办法。可老汉们往往犁了自家的田又帮别人犁，一连多日得不到休息，耕牛拉犁的速度又很快，衰老的脚步有时候就跟不上。一个老汉不小心绊倒在田里，耕牛拉着空犁就跑起来。老汉拽着缰绳跌跌撞撞地跟在后面，耕牛就拖着老汉疯跑，几个妇女大声叫喊却不敢阻拦。眼看惨剧就要发生，毛泽覃从远处跑了过来拦住了耕牛。

耕牛虽然拦住了，存在的难题并没有解决。田不犁不行，指望参军的青壮年回来也不现实，看到周围站了那么多年轻的妇女，毛泽覃马上就有了主意："男同志能学会打枪放炮，女同志还不能学会犁田吗？"

"水牛蛮厉害哟，女人管不了的。"

"男人是人，女人也是人，男人能办到的，女人也应该办得到，你们女同志中有没有共产党员？"

人群中有认识毛泽覃的，指着一位妇女介绍说："毛书记，她叫李玉英，她就是共产党员。"

"李玉英同志，你愿意不愿意学犁田？"

"插秧、割稻、脱谷，什么活女人都干过，就是使牛犁田的活干不了。"

"怎么干不了？试试看，来，李玉英同志，我教你。"

"玉英，你先学吧，学会了再教俺们。"女人中有人鼓励她。

"试试就试试。"李玉英大着胆子下到稻田里，从老汉手里接过了牛鞭。

刚开始的时候，毛泽覃还一手扶犁一手握着缰绳，渐渐地就把缰绳交到了李玉英手里，几个来回后基本掌握了要领，毛泽覃才把犁把子交给她。头几圈她有些紧张，犁出的新土忽粗忽细，慢慢地也就均匀了。不到半天时间，李玉英犁田的模样就像个熟练的老手，还一手扶犁一手把牛鞭扛在肩头上，得意扬扬地哼起山歌来。

有了典型的带动，田里到处都是年轻的女人在犁田。

→ 被迫转移

　　1934 年 8 月，由于 "左" 倾冒险主义的错误，第五次反 "围剿" 失败，红军主力将要突围转移。从 10 月 7 日开始，中革军委就命令突围转移的部队陆续撤离战场，开赴于都附近集结。9 日，红一军团由兴国的竹坝、洪门，集结于于都的宽田、岭背、段屋地区。红九军团 7 日离开长汀，10 日到达会昌珠兰埠一带集结。与此同时，中央机关及其直属队编成的第一、第二纵队，也从瑞金出发到达于都的宽田，13 日到达于都城北的左田、岭北地区。红三军团 15 日到达于都的曲洋、车头地区，红八军团也向兴国南部的社富一带集结。

　　10 月 16 日至 18 日傍晚，担任突围先遣部队的红一军团、红三军团分别从于都梓山的山峰坝、花桥和县城的西门渡过于都河。中革军委各直属机关组成的第一纵队，18日傍晚也开始渡河。

军委第一纵队是一支非战斗部队，共有四个梯队组成：第一梯队是总部的一局、二局、三局、通讯队、警卫连、工兵连；第二梯队是总部的四局、五局、总政治部、医务所、运输队、警卫队；第三梯队是总部直属工兵营、炮兵营、附属医院；第四梯队是干部团、医务所、休养连。休养连是一个由伤病员、老弱病残和身体不好的领导干部组成的连队，生病的毛泽东与怀孕的贺子珍都在这个连队里，张闻天和王稼祥也在这里。

苏维埃国家银行的全体人员编入了十五大队，黄金、白银和苏区钞票一共装了一百六十多担，毛泽民担任政委带着大队随先遣工作团先走了。钱希钧也被编入休养连，与大嫂贺子珍并肩前进。

第一纵队的四个梯队兼容了总部所有的部门，不能直接参加战斗，还要分散大量的战斗力。担任左、右翼前锋的一、三军团前行了，担任整个突围部队后卫任务的红八军团还在后面。四个梯队实际上是前锋和后卫中的一大包袱。

于都河又名贡江，水深河宽，常年可行二十吨以上的大船。战略撤退开始后，从上游的梓山花桥到下游的罗坳孟口，七十里长的河段上架起了七八座浮桥，红军主力就是通过浮桥向西向南撤退的。血红的夕阳斜映在河水中，红军战士及大批的辎重在桥上缓缓通过。千军万马簇拥在通向浮桥的路口，两旁是含泪送行的群众队伍，部队断断续续地过了几天几夜，送行的队伍也在路旁守候了几天几夜。毛泽东还不能行走，他坐着休养连的担架来到了路口。看到含泪送行的群众，他吃力地起身下了担架，拄着棍子艰难地登上了路旁的山头。

中央革命根据地的红一方面军撤退了，鄂豫皖革命根据地的红四方面军也撤退了，已经进入湘南的红六军团也要向敌人力量较为薄弱的地方撤退。博古、李德的"左"倾路线使革命根据地丧失殆尽，使主力红军不得不进行前所未有的大搬家、大转移、大长征。

长征队伍离开江西后，苏区的形势更为严酷。

10月26日，宁都被国民党北路军占领，苏区江西省委、军区武装两千余人撤往安福；11月10日，瑞金被敌东路军占领，项英和陈毅领导的中央分局及中央政府办事处各部门提前撤出；11月17日，于都被敌北路军七十九师占领，赣南省和于都县党政军机关转移到于都河南部的黎村、小溪地区；11月23日，中央苏区的最后一个县城会昌失守，留守的红二十四师伏击敌军后被迫撤出。

占领的敌军血洗了苏区，他们在《报告》中这样描述了在"匪区"的功绩："无不焚烧之屋，无不砍伐之树，无不宰杀之鸡犬，无遗留之壮丁，闾闾不见炊烟，田野但闻鬼哭。"据不完全统计，国民党军队在瑞金杀了一千八百多人，在宁都杀了四千八百多人，在于都杀了三千多人，在兴国杀了两千一百多人，在寻乌杀了四千八百多人，在会昌杀了一千多人，在广昌杀了一千多人，在石城杀了五百七十人。除手无寸铁的普通群众外，身份暴露的红军家属、苏维埃干部、工作人员、赤卫队员、游击队员全都遭殃。在闽西，全家被杀的有四万多户，整个中央苏区，被杀者多达六十万人。

国家银行行长毛泽民和妻子钱希钧被通知参加突围转移。出发之前，他们来到瑞金塔下寺贺子珍父母家中，想见见大哥、大嫂和弟弟、弟媳。此时的毛泽东才从于都赶回来，忙于处理善后。弟弟泽覃和弟媳贺怡被决定留在苏区打游击。看到大哥和弟弟都不在，毛泽民夫妇和贺子珍、贺怡商量怎么安置毛毛。毛泽东给这个小名毛毛的儿子取名毛岸红，是贺子珍 1932 年冬在长汀生下的，现在已经两周岁了。贺子珍要随军突围，按规定不能带孩子。贺怡说，毛毛就留给她和泽覃照顾吧。钱希钧留给毛毛一件夹衣、一包糖，就匆匆走了。

主力红军长征后，1934 年 12 月，被任命红军独立师师长的毛泽覃和担任区委书记的贺怡同时接到命令：毛泽覃率红军游击队转战闽赣边界，党组织考虑到贺怡怀有身孕，决定她不随毛泽覃的部队行动，携父母北去赣州从事地下党工作，任赣州县委书记。

1935 年 2 月初，中央分局、中央政府办事处、红军独立二十四师、赣南省委及机关人员、地方部队共两万多人，被国民党军队围困在于都南部的狭小地区内。2 月 5 日和 13 日，正在长征中的中央书记处，两次电令苏区中央分局迅速突围，分散开展游击战争。项英、陈毅根据中央指示，在于都南部禾丰地区召开紧急会议，部署突围行动。从 2 月下旬至 3 月上旬，全部人员分成九路，分别向闽西南、赣粤边、湘赣边突围。

2 月 24 日，瞿秋白、何叔衡、邓子恢及项英的妻子、中央政府办事处副主任梁柏台的妻子，在一个红军排的护送下，途经长汀水口镇梅迳村时被民团包围。激烈战斗之后，瞿秋白被捕，何叔衡为掩护邓子恢跳崖牺牲。

毛泽覃也在突围的九路人员之中，他被分在了第七路，率领一个连向闽西长汀突围，与正在长汀四都的福建省委和军区部队会合。接到命令后，就回到临时住处收拾行装向家人告别。贺怡还与父母秘密地住在一起，老人还在照顾着贺子珍留下的毛毛。当着年迈的双亲,许多话不便说也不能说,他们相伴走到屋外寂静无人的山道上。

残月冷漠地挂在山腰树梢上,早春的寒夜依然冷风飕飕,最后的离别他们没有多少伤感,忧心的还是突围以后的严酷局面。革命武装一旦化整为零,战斗力就要大打折扣,基本上丧失了同敌军交战的实力,只能东躲西藏地游击下去了。贺怡亲身经历过第一次大革命的失败,深知革命低潮中的艰难,那时父母都还年轻,他们兄妹几个也无牵无挂。现在父母虽不算老,他们的牵

▽ 中央红军长征出发地之一——江西瑞金武阳围渡口

挂却接二连三,一个毛毛就无法安排,她腹中的孩子又快要出世了。

毛泽覃军令在身,没有时间解决贺怡的难题。他到部队去,这些问题当然还得留给她。贺怡不能推给父母,只能自己想办法。红区变成了白区,这次转移有很大的冒险性,他们决定暂把毛毛寄放在当地的老乡家中。毛泽覃带部队把贺怡与她父母护送到会昌县白鹅洲码头后,贺怡他们坐船北去赣州,毛泽覃南下闽赣边界。谁想到码头一别,竟是他们夫妻的永诀!

⊙→ 壮烈牺牲

★★★★★

（29岁）

1935年3月初,毛泽覃率领突围部队的一个连到达长汀的四都,与正在那里的福建省委书记万永诚和军区司令员龙腾云会合,向他们传达了苏区分局关于分散开展游击战争的指示。万永诚和龙腾云没有及时转变斗争观念，继续坚持死打硬拼的作战方针，不断遭受重大损失。4月初，部队被敌军包围于长汀、武平、会昌三县交界的山区，两次突围均未成功。10日，幸存的五六十人在武平县大禾镇子坝岽龙山组织第三次突围，省苏主席被俘，万永诚、龙腾云壮烈牺牲，福建省党政军机关至此停止活动。

1935年4月25日，夜幕将落，江西瑞金，红林山区，狂风在呼啸，暴雨在泼洒。

山野，十二个衣衫破旧、满身泥水、疲惫不堪的红军，互相携手，前后跟随，冒着风雨，踩着荆茅，朝红林主峰的方向攀登，攀登……

红军独立师师长毛泽覃走在最前头。

在阶级斗争的急风暴雨中，毛泽覃已度过了二十九个春秋。他比二十九岁的实际年龄老多了。在竹笠的笼罩下，两个颧骨从古铜色的瘦脸颊上突起，深陷的眼窝边刻上了几条皱纹，胡子又长又浓，配上那件补丁块块、油渍斑斑的灰色旧军装，看起来像是一个中年人。夜色渐浓，同志们摸黑爬山。

一道闪电划破长空，毛泽覃双眸一亮，指着主峰下的山坳，高兴地叫道："看，那不是屋子嘛！"

这山坳名叫黄狗窝，有一座破旧的土墙茅房，是个纸槽屋，但早已荒废不用，里边空无一人。战士们疲倦的眼中，透出几分笑意。再吃力地走百十步，就可以进屋了……

毛泽覃是在极端困难的情况下，带领红军战士走上红林的。

由于王明"左"倾机会主义路线的错误领导，第五次反"围剿"失败了。1934年10月，主力红军开始长征。党决定毛泽覃留守中央苏区，任赣南独立师师长。

昔日红色苏区，今天白色恐怖。瑞金一带，驻有敌军毛炳文等四个师。闽西各县，驻有敌李默庵、李玉堂等八个师。他们修公路，筑碉堡，安据点，反复搜山"追剿"游击队。敌人强行"移民并村"、"保甲连坐"，规定"凡一家藏匪济匪不报者，十家(一甲)杀光。"

毛泽覃在艰难岁月里，以毛主席"打得赢就打，打不赢就走"的思想为指导，率领红军独立师，转战闽赣边界、武夷山区。他采取机动灵活的战略战术，将独立师化整为零，分散活动，军民结合，开展游击战争。敌人总结寻找游击队的三条经验：听响声，看烟火，跟足迹。毛泽覃足智多谋，针锋相对规定三条：行军尽量少讲话，用敲毛竹、学鸟叫作联络信号；部队多带炒米，或以野菜竹笋充饥，不搞野炊；行军尽量不走现成路，而从深山密林穿过，或把鞋子倒穿起来迷惑敌人。敌人无法找到游击队，游击队却常常相机打击敌人。这样，毛泽覃率部在武夷山区打了四个月，捷报频传，威震四方。

1935年4月，毛泽覃来苏区中央办事处之后，率独立师自会昌之西江来到长汀之四都，与福建省委书记万永诚率领的部队会合整编，毛泽覃兼任福建军区司令，万永诚兼任政委。两军会合之日，便是开始失利之时。其根其源，就是王明路线。毛泽覃提出：放弃四都，将部队编成几个支队，四处打击敌人，领导中心退到闽粤赣边界深山。执行王明路线的万永诚拒不接受。

不久，万永诚执意带领军区直辖的两个主力团与敌人硬拼，结果全被吃掉。至此，所剩兵力，为数甚微。万永诚不以此为戒，4月上旬，他又执意集中游击队二百余人于腊口西分水坳，遭敌包围，在伤亡重大之后，万率大部人马向东突围，毛泽覃率一部掩护，然后向西突围。万永诚突围后，次日在梅子坝又遇敌包围，部队被打散，万永诚在战斗中牺牲。毛泽覃率部，冒着倾盆大雨，一直走到了会昌的田心。这是个大山区，岭高，树密，草深。

部队来到山麓，毛泽覃派了岗哨后，整队清点，总共只有四十来人。同志们已经三天没有吃饭了。毛泽覃叫大家就地休整，搞点野菜笋子充饥。战士们散开，走进树林草丛中。

毛泽覃坐在一棵大毛竹下，展视地图，若有所思。哨兵火急跑来，报告："毛司令，白狗子追来了！"毛泽覃捡起一块石头，猛力敲击竹竿，散开的战士迅速集合。毛泽覃打着大家熟悉的手势，战士们便踏着深深的草丛，翻山转移。毛泽覃却走在最后。他机警地将战士们踩倒的茅草扶起来，消灭足迹，然后消失在密林之中……

敌人从几条道路袭击山头。枪林弹雨，战火纷飞……月夜，田心山林，枪息炮停，敌军消隐。毛泽覃摸黑上山，寻找打散后幸存的战士。他在山梁上，在悬崖上，在林子里，学着布谷鸟

◁ 毛泽覃纪念碑

的叫声。这是事先确定的联络信号。

随着毛泽覃的声声呼唤，十一个战士从深草丛中，从岩洞里边，从古树的空心里钻出来。同志们会合在一块杉林里，不知道该说什么，只是激动地互相拥抱着，一个劲儿地痛哭。

毛泽覃伸手抹一下脸上的泪水，咬咬唇，沉沉气，坚定地说："白狗子杀了我们这么多人，我们是伤心，可是，老哭，能给烈士报仇吗？同志们，我们快把烈士的遗体掩埋了，然后，扛起枪，跟敌人重新干起来！"月光中，战士们用刺刀、梭镖把现成的炮弹坑撬深点儿，掩埋了烈士的遗体，在每个墓穴前插了一挂松枝。最后，毛泽覃说："现在，最重要的是找到中央办事处，找到陈毅同志，说出我们的心里话：这样下去不行……要重建游击师，照毛主席的思想打下去。"十二个同志捡足了子弹，挎上了枪杆，告别了烈士，踏着月光，为中国革命寻找光明之路……

次日，十二个红军赶到猫子寨，已将敌人甩出老远。

同志们露宿在高山密林。毛泽覃习惯地用帽子垫着屁股，坐在一棵杉树下。战士们偎着司令，贴背挨肩地坐在一块儿。有几个人还在啃着苦菜叶。毛泽覃问："怕吗？"没有人回答。

毛泽覃便压低嗓门，热情地讲起来："同志们，我们这十二个人的处境是很困难。可是，革命大有希望。毛主席带领主力红军长征，正在胜利前进。中央苏区的红军还有很多很多。陈毅同志在粤赣边界，张鼎丞、谭震林同志在闽西……其他苏区还有很多人。反动派一定会完蛋。最后胜利是属于我们的。为了这个最后胜利，我们要不怕牺牲！只要还有一个人，就要战斗下去！"

战士们受到鼓舞，兴奋地哼起了一首流行歌曲："为苏维埃流尽最后一滴血……"

毛泽覃用胳膊碰碰战士们，这才把声音压低，再压低……

毛泽覃说："走吧，这里不行了。"同志们就地埋了皮包和文件，便下山了。

25日夜，队伍冒雨赶到瑞金红林黄狗窝。十二个人进了纸槽屋，围坐在一塘旺火四周。

深夜，毛泽覃拍拍一个高个子战士的背："杨美英，醒醒！你到杉背后找陶古游击队，请他们明天开到这里来，一起攻打国民党黎子岗炮楼，我们就从那里冲出去！"高个子杨美英乐滋滋地"哎"了一声出门了。毛泽覃不能入睡，手拿地图，借着火光看着，若有所思。

夜幕渐升，东方欲白。红林进入一个悲壮的时刻。

1935 年 4 月 26 日早晨，毛泽覃拍拍矮个子战士何福清的背胛："喂，醒醒，到山下路口放哨去。发现情况，立即鸣枪！"何福清点点头，揉揉眼睛，背着马枪，高一步低一步走远了。过了一个多小时，山谷里突然传来密密的枪声。原来，何福清自纸槽走了三四里，来到山下一个路

△ 毛泽覃牺牲前的住处

口，正逢敌毛炳文师（二四师）汤季楠团（一四三团）的一个班巡哨，被发现抓起来了。何福清慑于敌人威逼，当了可耻的叛徒，供出了自己的身份，也供出了纸槽的战士和"毛司令"。汤季楠马上派兵，由何福清带路，赶在陶古游击队之前，包围了纸槽。

毛泽覃听见枪声，急忙摇醒了战士们："准备开火！准备开火！"他指着一个胖墩墩的战士说："你带领突围，我掩护！"便紧握他的手，深沉地嘱咐道："把我们的心里话告诉中央办事处，要相信，革命会胜利……"胖子一把抱着毛泽覃哭了："我掩护。毛司令，革命需要您！"

毛泽覃严肃地说："服从命令！"胖子和几个战士出门，向山间草丛匍匐而去。

毛泽覃带领战士伏在门口，枪弹如雨，白军冲来。

毛泽覃和战士猛烈开火，几个敌兵倒在门外。

一个敌方号兵端着枪，正要冲进门内。

毛泽覃纵身横臂一击，号兵枪支落地，"叭"的一枪，毛泽覃击毙号兵。敌兵又冲来了。罪恶的子弹击中了毛泽覃的右腰上方，穿过前胸……

一个无私无畏的红军司令在红林山头倒下了！

一个顶天立地的永生战士却登上了共产主义的顶峰！

云开雨住，红日东升。漫天的大风卷起山野的松涛，其声呜呜，大自然奏起悲壮的颂歌……

贺怡是5月份得知毛泽覃牺牲的消息的。那天夜里，她正在召开一个会议，商议为游击队送一批急用药品上山。会开到一半，交通员王贤选和另一个同志满头大汗地闯进会场。王贤选向贺怡介绍了陈毅派来的那位同志后说："有一个事情陈毅同志要我向你当面汇报。"贺怡是个敏感的人，听了此话急问："是不是泽覃出了事？"王贤选点点头，含泪讲述了毛泽覃牺牲的经过。贺怡低下了头，眼泪夺眶而出……

1935年10月，中央红军到达陕北的第七天，毛泽民从部下缴获的一个敌电台中听到毛泽覃牺牲的消息，他匆匆赶往大哥毛泽东家。毛泽东听说此事后沉默好久没有说话，过了大半天，他才撑着腰立起来，审视着毛泽民问："你是什么时候听到的？""我今天上午才听到此事。"毛泽东沉重地说："这有可能。我们突围后，那里的情况比我们想象的更要严重。我估计小弟牺牲有些日子了。母亲在世时，曾把我召到床前专门向我交代，一定要照料好小弟。我没有尽到当大哥的责任啊！"兄弟俩久久地沉浸在悲痛之中。

后 记

两则消息

　　一则是：瑞金革命烈士纪念馆 1979 年迁至塔下寺风景区重建，1986 年 4 月开放，1995 年被民政部授予"第一批全国爱国主义教育基地"、"全国革命烈士纪念建筑物管理先进单位"称号。

　　该馆占地面积约五万平方米，景物分置前、中、后与沿江四区，前区广场安放"送郎当红军"石刻群雕，中区坐落有邓小平同志亲笔题词的毛泽覃烈士纪念碑，八角英烈亭与其遥相呼应，后区广场最高处为陈列馆，馆内珍藏有一万七千三百九十四位烈士英名录和一百多名著名烈士与将军的生平事迹、遗物。

　　另一则是：2008 年清明，村民在各家祭祖活动中触景生情，缅怀烈士之情冲击着村民的心灵，并在俞科生、朱火庆、俞及才、张声望、刘一中、罗家海、邱南京、范九生等人的倡议下组织了对毛泽覃烈士的清明祭拜活动，并捐建了毛泽覃烈士纪念碑，开展了活动光盘的制作等一系列纪念活动。

今年6月间，经张声望、俞科生、邱南京、俞及才、邱世机等村民的酝酿和商议，对毛泽覃烈士的陵园及汀瑞县委游击队驻地等革命历史旧址进行修缮和捐建活动，并成立了由俞科生、张声望、俞及才、张声华、罗家海、刘永谦、邱南京、范九生、李南京、朱火庆、刘一中、邱世机、吴方炳等社会各界人士参与的毛泽覃烈士陵园（重修）民间筹备小组。经过半年来的筹划准备工作，以及在泽覃村民的共同努力下，在泽覃乡党委政府的大力支持下，现在在毛泽覃烈士英勇献身地、安息地——泽覃村黄先口张屋坪重修了毛泽覃陵墓和纪念亭。

毛泽覃烈士陵墓的修缮具有深远的历史意义，毛泽覃烈士是韶山人民的好儿子，红都人民的好战友，苏区红军的好战士，他为中国革命事业献出了年轻的生命，用他的鲜血换来了我们今天的幸福生活，使我们翻身做了国家的主人，我们深深地怀念他、崇敬他。

你安息吧！泽覃人民永远不会忘记你！红都人民永远怀念你！全国人民永远崇敬你！你永远活在我们心中。

毛泽覃烈士的一生，是短暂的一生，革命的一生，战斗的一生，闪光的一生！

烈士用鲜血染红了祖国的江山，用身躯筑造了伟大的历史丰碑，他的英名为中国革命史册增辉。

英雄已逝，精神永存。